Autor, vorwort,

Bootstypen

Wildwasser

Technik

Sicher ist sicher!

Jetzt geht´s los! Aber wie?

Der Fluss des Lebens

Index

Ötztaler Ache. nach der Waldschlucht (ms)

Slalom aufwärts (ce)

Band 1

OutdoorHandbuch

Christoph Erber

Rafting

BASISWISSEN FÜR DRAUSSEN

Rafting

© Copyright Conrad Stein Verlag GmbH.
Alle Rechte vorbehalten.

Der Nachdruck, die Übersetzung,
die Entnahme von Abbildungen, Karten, Symbolen, die
Wiedergabe auf fotomechanischem Wege (z.B. Fotokopie)
sowie die Verwertung auf elektronischen Datenträgern,
die Einspeicherung in Medien wie Internet
(auch auszugsweise) sind ohne vorherige schriftliche
Genehmigung des Verlages unzulässig und strafbar.

Alle Informationen, schriftlich und zeichnerisch, wurden
nach bestem Wissen zusammengestellt und überprüft.
Sie waren korrekt zum Zeitpunkt der Recherche.
Eine Garantie für den Inhalt, z.B. die immerwährende
Richtigkeit von Preisen, Adressen, Telefon- und Faxnummern
sowie Internet-Adressen, Zeit- und sonstigen Angaben,
kann naturgemäß von Verlag und Autor - auch im Sinne der
Produkthaftung - nicht übernommen werden.

Der Autor und der Verlag sind für Lesertipps
und Verbesserungen (besonders als E-Mail)
unter Angabe der Auflagen- und Seitennummer dankbar.

Dieses OutdoorHandbuch hat 103 Seiten mit 61 farbigen
Abbildungen. Es wurde auf chlorfrei gebleichtem Papier
gedruckt und der größeren Strapazierfähigkeit wegen
mit PUR-Kleber gebunden.

Titelfoto: Rafts im Wettbewerb (ce)

Updates   Verlagsprogramm   Schnäppchen
www.conrad-stein-verlag.de

OutdoorHandbuch aus der Reihe "Basiswissen für draußen", Band 1

ISBN 978-3-86686-001-8   1. Auflage

® OUTDOOR, BASIXX und FREMDSPRECH sind eingetragene Marken für Bücher des Conrad Stein Verlags

© BASISWISSEN FÜR DRAUSSEN, DER WEG IST DAS ZIEL und FERNWEHSCHMÖKER sind urheberrechtlich geschützte Reihennamen für Bücher des Conrad Stein Verlags

Dieses OutdoorHandbuch wurde konzipiert und redaktionell erstellt vom Conrad Stein Verlag GmbH, Postfach 1233, 59512 Welver, Dorfstr. 3a, 59514 Welver, ☎ 02384/963912, FAX 02384/963913, info@conrad-stein-verlag.de, www.conrad-stein-verlag.de

Unsere Bücher sind überall im wohl sortierten Buchhandel und in cleveren Outdoorshops in Deutschland, Österreich und der Schweiz erhältlich.
Auslieferung für den Buchhandel:

D	Prolit, Fernwald und alle Barsortimente
A	freytag & berndt, Wien
CH	AVA-buch 2000, Affoltern und Schweizer Buchzentrum
I	Mappa Mondo, Brendola
NL	Willems Adventure, LT Maasdijk

Text: Christoph Erber, Beatrice Jelitte
Fotos: Christoph Erber (ce), Michael Schomann (ms),
       Georg Eutermoser (ge)
Lektorat: Marion Malinowski
Layout: Yvonne Fanger
Gesamtherstellung: AZ Druck und Datentechnik, Kempten

0079000

Inhalt

Über den Autor, Symbole   8

Vorwort   9

Bootstypen   11
Wasser im Boot!	13	Rafts mit Heckruder	17
Rudern. Oder paddeln?	14	Rafts zum Paddeln	17
Oder segeln?		Die Pioniere des Ostens	19
Katarafts	14	Die beste Raft-Wahl für Sie	19
Rafts mit Rudern	16	Das Paddel	21

Wildwasser   22
Der Flusscharakter	23	Felsen, Steine und Findlinge	26
Volumen	23	Überspülte Felsen	31
Gefälle	24	Walzen und Löcher	33
Das Verhältnis von	24	Wellen	35
Volumen zu Gefälle		Unterspülungen und Siphons	37
Katarakt	24	Kehrwasser	37
Hindernisse	25	Bäume	38
Häufige Hindernisse	25	Wasserfälle	39
und wie man sie meistert		Zivilisation	40
Engen	25		

Technik   42
I: Jeder für sich   43
Die Sitzposition	43	Der Rückwärtsschlag	48
Das Paddel greifen	45	Die Steuerschläge	49
Der Vorwärtsschlag	46	Der Ziehschlag	50
Der Drehschlag	48	Der Konterschlag	51

II: Teamwork   52
Einer gibt die Kommandos   52

Die Paddel-Kommandos	53
Die drei Situationskommandos	54
III: Planung und Befahrung	56
Besichtigen und Festlegen der Linie	56
IV Rafting als Wettkampfsport	60

Sicher ist sicher! 64

Schwierigkeits-Skala		In Kolonne fahren	77
für das Wildwasser	65	Erst auskundschaften,	
Die Mannschaft	69	dann entscheiden	77
Erste Hilfe	70	Das letzte Kehrwasser	78
Sicherheitsausrüstung	72	Schwimmtechnik und	
Der Wurfsack	74	Bergung aus dem Wasser	79
Sicherheitscheck vor dem Einsatz	74	Der Flip und das Kentern	83
Das Auge fürs Wildwasser	76	Achtung, Füße!	85

Jetzt geht's los! Aber wie? 86

Werden Sie Raftguide	87	Mehrtagestouren	92
Kommerzielle Rafting-Touren	88	An- und Abreise	93
Private Rafting-Touren	90	Die besten Touren	
Umwelt	91	rund um den Globus	94
Verpflegung	92		

Der Fluss des Lebens	97
Index	100

Über den Autor

Am Augsburger Eiskanal erlernte Christoph Erber 1988 zunächst durch den Wettkampfsport Kanuslalom alles Wissenswerte über Technik, Training und Strömungsverhalten im Wildwasser. Im Raft ist er seit vielen Jahren als Raftguide auf kommerziellen Touren tätig und gewann mit der deutschen Nationalmannschaft unter anderem die Weltmeisterschaft.

Symbole

 Achtung!   Fotoverweis   Verweis
📖 Buchtipp ☺ Tipp

Vorwort

Der wilde Fluss und das Adrenalin

Von oben brennt die Sonne, von unten steigt der kühle Geruch eiskalten Wassers auf. Brechende Walzen, Wellen schlagen gegen das Boot: Das typische Geräusch des Wildwassers. Es wird lauter, schwillt an, mit ihm wächst die Anspannung der Insassen. Der nächste Rapid liegt direkt vor Ihnen und Ihren Mitstreitern.

Das Team reckt die Hälse, die Konversation verstummt. Die Ängstlichen werden nervöser, die Abenteuerlustigen hüpfen schon unruhig auf ihren Sitzen herum, denn sie vertrauen dem Guide und fühlen sich wohl im Adrenalinrausch.

Jetzt ist es soweit. Vor Ihnen liegt eine unüberschaubare Ansammlung von glitzernden, blendenden Wellen, von Felsen und von vielen verschiedenen Wegen. Wo ist nur der Weg durch dieses Labyrinth? Noch 20 m, noch 10 m Strömungen ... immer noch nichts. Sie entscheiden sich gerade für das klassische "mittig anfahren", da sehen Sie plötzlich die ersehnte Linie: Den Weg, der Sie und Ihr Team durch die weiße Hölle führt. Schnell das Boot ausrichten und "alle vooorwärts!" brüllen, schon schlagen die Wellen über dem Boot zusammen.

Doch es kommt anders als geplant. Einen Brecher haben Sie unterschätzt. Er wirft das Boot aus der Linie und der nächste Felsen kommt gefährlich nahe, zu nahe. Das Boot kommt quer und wird gegen einen Felsen geworfen. Von der Wucht wird einer der Hintermänner aus dem Raft katapultiert. Eine gefährliche Situation, in der Team und Bootsführer blitzartig und diszipliniert reagieren müssen, denn sonst flippt das Boot und die Katastrophe ist perfekt. Sie brüllen aus Leibeskräften "Alle nach links!" und fassen den auftauchenden Schwimmer sofort an der Schwimmweste. Das Team wirft sich auf die linke Seite, während Sie den Mann, der gar nicht weiß wie ihm geschieht, aus dem Wasser ziehen.

Der Schwimmer hat zwar sein Paddel verloren, das höchste Vergehen im Wildwasser, aber wenigstens sind alle wieder an Bord und durch die schnelle Gewichtsverlagerung gleicht die Mannschaft den Druck des Wassers auf die rechte Außenwand aus. Langsam schiebt sich das Boot zurück in die Strömung. Wir sind wieder auf der Linie! Sie richten das Boot erneut aus und rufen den Befehl zum vorwärts fahren. Die Situation ist wieder unter Kontrolle, doch der Rapid ist noch nicht zu Ende. Also konzentrieren Sie sich sofort wieder auf das Geschehen, über etwaige Fehler können Sie später nachdenken. Nach knapp 80 m ist das Gefällestück zu Ende und das Team stößt automatisch ein paar Freudenschreie aus. Ein Insasse bringt es auf den Punkt: "Das ist das Beste, Wahnsinn!" Konservative Charaktere würden es anders formulieren: "Ich fühle das Leben in seiner vollen Kraft!" Schnell noch das Paddel einholen und schon steigt die Spannung auf die nächste heftige Passage.

Dieses Buch soll Ihnen den Raftingsport näherbringen. Es behandelt die Geschichte des Raftings und bietet Ihnen die nötigen Grundlagen für den Einstieg in eigene Rafting-Touren. Allerdings sollten Sie auch professionelle Hilfe beim Erlernen des Sports vor dem Einstieg ins anspruchsvolle Wildwasser in Anspruch nehmen, denn Sie müssen erst einige Erfahrungen in der Praxis sammeln, um ein gutes Auge für das Wasser zu entwickeln.

Aber jetzt lehnen Sie sich erstmal zurück, genießen Sie die Lektüre und tauchen Sie ein - ins Wildwasser, in unberührte Natur, in die Freude am Teamsport und an Bewegung. Tauchen Sie ein in all das, was die leidenschaftlichen "River People" fasziniert und miteinander verbindet. Wir sehen uns dann am Fluss, o.k.?

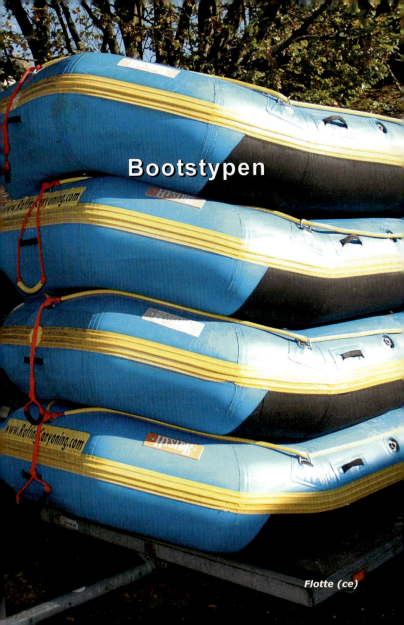

Bootstypen

Flotte (ce)

Die Auswahl an Booten für das Wildwasser ist enorm. Die Entwicklung zum heutigen perfekt getrimmten Raft war ein langer Weg, den ein kleiner Exkurs in die Geschichte des Raftings beleuchten soll. Um den Rahmen nicht zu sprengen, schränke ich die hier besprochene Auswahl auf aufblasbare Boote für mehrere Personen ein. Ruderboote, Kajaks, Einer-Canadier etc. bleiben außen vor.

Der Begriff "Raft" kommt aus dem Englischen und bedeutet "Floß". Die Wurzeln dieses Sports liegen in Kanada, Holzfäller nutzen Flüsse, um die Baumstämme zum nächsten Hafen und Verkehrsknotenpunkt zu schaffen, der meist an der Mündung eines großen Flusses lag. Sie warfen das Holz ins Wasser und begleiteten die Ladung auf mehreren zu einem Floß vertäuten Stämmen den Flusslauf hinab, oft durch riskante Stromschnellen und Schluchten.

Rafting als reiner Freizeitsport begann in Nordamerika in den 40er Jahren. Auch damals war der Einsatz der Boote zunächst zweckgebunden: Bei militärischen Operationen im Zweiten Weltkrieg landeten zahlreiche GIs mit Rafts an Küsten und Ufern. Die kreisförmigen Boote waren aus heutiger Sicht sehr wackelig und kenterten leicht. Nach dem Krieg wurden diese "Korb-Boote" von Freizeitpaddlern benutzt. Klitschnass aber glücklich erkundeten die ersten Pioniere wildwassertechnisch unentdeckte Paradiese, unterbrochen von häufigen Kenterungen und zwangsläufig ohne vorne und hinten.

Die Freizeitindustrie entdeckte im Laufe der Zeit die Marktlücke und entwickelte engagiert neue Designs und Materialien. Die Außenwände der Boote wurden robuster, die Formen stromlinienförmiger wie bei klassischen Booten.

Die wichtigsten Verbesserungen: Mehr Platz für Gepäck und Personen als bei den kleinen Korbbooten. Außerdem die erwähnte Längsbauweise der Boote, deren Seitenwände niedrig sein müssen, damit die Insassen mit ihren Paddeln das Wasser erreichen. Demgegenüber müssen Bug und Heck möglichst hoch gebaut sein, damit große Wellen und Walzen nicht so viel Wasser ins Boot schleudern. Ist die Mannschaft technisch gut genug, um den Bug immer vorne zu halten, lässt sich auch ein Raft verwenden, dessen Bug hochgezogen ist, nicht aber das Heck.

Bei der Weltmeisterschaft in West Virginia hatten die Frontseiten der Wettkampfboote nur minimal hochgezogene Wülste. Mit unserer normalen Wettkampfposition wäre nach jedem Rapid so viel Wasser im Boot gewesen, dass wir ca. 30 Sek. lang kaum vorwärts gekommen wären. Die bestmögliche Lösung: Immer bevor es wild wird, rutschen die Front- und Mittelmänner ein gutes Stück zurück, damit die Spitze frei wird und besser über die Wellen springen kann.

Wasser im Boot!

Ein Hauptproblem galt es noch für die motivierten und professionellen Wildwasserfans zu lösen, bevor der Sport massentauglich wurde und auch gemütlichere Charaktere die Fahrt durch hohe Wellen genießen konnten: Wie kommt das Wasser wieder aus dem Boot? Es lässt sich nicht vermeiden, dass Wasser ins Boot schlägt. Entweder schlagen hohe Wellen über den Bug, das Boot kommt quer oder der Wasserdruck auf einen Außenwulst wird, zum Beispiel beim Aufeinandertreffen unterschiedlicher Strömungsgeschwindigkeiten, so groß, dass eine Seitenwand kurz unter Wasser gedrückt wird und das Wasser ungehindert einlaufen lässt. Die Lösung waren Drainage-Löcher im Boden.

Rafts ohne Drainage kennen Sie bestimmt: Das einfache Schlauchboot aus dem Supermarkt. Ist es voll, heißt es schöpfen oder schnell an den Strand paddeln, bevor Sie komplett manövrierunfähig sind. Boote mit Drainage finden Sie fast ausschließlich bei kommerziellen Tourenanbietern, weil sie sehr teuer sind und aus hochwertigen Materialien hergestellt werden.

Doch bis zu dieser Erfindung war es ein langer Weg. Lange Zeit mussten die Teams nach jedem größeren Rapid erst einmal den Schöpfeimer schwingen, bevor die Tour weitergehen konnte. Ein mühsames Unterfangen! Und wenn der Schöpfeimer über Bord ging, war die Tour praktisch zu Ende. Denn mit 300 l Wasser im Boot werden selbst einfachste Manöver undurchführbar. In dieser Zeit blieben die schwierigen Flüsse daher den Kajakfahrern vorbehalten, bei denen die so genannte Spritzdecke kein Wasser einlässt. Mit der selbsttätigen Drainage konnten die Rafts wieder um eine ganze Klasse auf der Wildwasser-Skala aufsteigen. Natürlich bleibt schwierigstes Wildwasser der Klasse VI auch heute noch Kajakfahrern vorbehalten, denn die Eskimorolle wird auch in den nächsten Jahrzehnten mit dem Raft nicht machbar sein.

Doch zurück zur Drainage: Mit verschiedensten Erfindungen versuchten die Raft-Designer dem Problem Herr zu werden. Einige Bastler schnitten den festen Boden aus ihren Rafts und knüpften neue Planen lose ein, um das Wasser hinauszulassen. Ein weiterer Versuch waren Holzböden, da Holz schwimmt. Doch beide Ideen halfen nicht weiter, denn das Niveau der Böden lag ganz einfach unterhalb des Wasserspiegels, das Boot blieb voll und ließ sich nicht einmal mehr ganz ausschöpfen, da das Wasser bei den eingeknüpften Böden jetzt auch von unten eindrang. Doch die Richtung stimmte. 1983 gelang Jim Cassidy der Durchbruch: Der aufblasbare Boden war die Lösung! Jetzt lag der Großteil des Bodens über dem Wasserlevel, durch kleine Löcher am Rande des Bodens zwischen Boden und Außenwülsten kann das Wasser nach jedem Rapid schnell wieder ausfließen. Der einzige Nachteil: Mit dem Schöpfeimer wurde auch die beste Waffe im Spritzkampf gegen andere Rafting-Teams zur Geschichte verdammt.

Bei den heutigen Drainage-Booten unterscheidet man zwei Bodentypen: zum einen Boote, deren Boden anhand von Ösen eingeknüpft ist und zum anderen Boote, deren Boden bereits vorgestanzte Löcher hat und mit den Seitenschläuchen fest verklebt ist.

Rudern. Oder paddeln? Oder segeln?

Wer sich auf die wilden Flüsse dieser schönen Welt begeben möchte, steht nicht nur vor der eindeutig klaren Wahl, ob er sich ein Raft mit oder ohne Drainage kauft. Nein, es gibt noch vier weitere Entscheidungsmöglichkeiten: Katarafts, Ruder-Rafts, Rafts für lose Paddel und Rafts mit einem Heckruder.

Katarafts

Eine schon lange existierende Version der Rafts ist das Kataraft. Wie bei einem Segel-Katamaran besteht es aus zwei aufblasbaren Kufen aus robustem Material. Entweder sitzt ein Paddler in der Mitte und bedient wie bei einem Ruderboot zwei Ruder oder auf jeder Kufe sitzt ein Paddler mit jeweils einem Paddel. In den USA sind die Paddel bei mehreren Personen meistens fix am Boot montiert, in Russland dagegen werden lose Einzelpaddel benutzt. Das Kataraft zeichnet sich vor allem durch seine Schnelligkeit aus. Es erzeugt viel

Kataraft (ms)

weniger Widerstand als ein normales Raft durch seine geringere Auflagefläche auf dem Wasser. In Russland haben diese "Rennboote" auch eine große Wettkampftradition. Angeblich entwickelten russische Geologen diese Konstruktion, um nach Monaten einsamer Arbeit in Sibirien nicht nach Hause laufen zu müssen. Wenn die Katarafts sorgfältig zusammengelegt sind, passen sie sogar in einen Rucksack und sind so über weite Strecken hinweg transportabel. Entgegen Erwartungen in den 80er Jahren haben sich die Katarafts allerdings nicht so weit verbreitet. Das liegt zum einen daran, dass dieser Bootstyp für kommerzielle Touren mit Kunden unbrauchbar ist. Zum anderen ist man mit anderen Bauweisen im extremen Wildwasser doch flexibler und manövrierfähiger, vor allem weil das Team durch Seitenwechsel besser das Gewicht verlagern kann.

Die Katarafts sind eine vom Aussterben bedrohte Spezies für Liebhaber. Diese Boote findet man noch in den USA, meist bei Mehrtagestouren, wo die Kunden in einem normalen Boot sitzen, während ein zweiter Raftguide ihr Gepäck mit dem Kataraft befördert. In den USA bleiben Rafter oft ihrem Sport treu und entscheiden sich deshalb für diese Boote, mit denen man wirklich anspruchsvolle und wilde Flüsse bezwingen kann.

Rafts mit Rudern

Ruder-Rafts sind häufiger anzutreffen, vor allem auf großen Fluss-Klassikern wie dem Zambesi oder dem Colorado durch den Grand Canyon. Auf dem Colorado und allen Flüssen für Mehrtages-Touren dienen die Ruder-Rafts vor allem dem Material-Transport. Ein Ruder-Raft kann haushoch bepackt werden; wenn dann ein kompetenter und flusskundiger Paddler an den Rudern sitzt, manövriert er das Gefährt sicher durch die wildesten Passagen. Die Kunden paddeln auf einem separaten Raft mit anderem Aufbau, während ein meist bärenstarker Raftguide ihr Material parallel zum nächsten Nächtigungsort transportiert. Bei der Wasserwucht der Stromschnellen des Zambesi ist es hingegen besser, wenn die Touristen erst gar nicht mitpaddeln, sondern sich gleich zu Beginn jeder Stromschnelle ins Boot kauern und gut festhalten. Wenn sie mitpaddelten, würden alsbald die meisten über Bord gehen man rechnet am Zambesi sowieso mit ca. acht Flips pro Tagestour. So paddelt nur der Guide, der mit den sehr langen Winkeln der seitlich angebrachten Ruderblätter noch verhältnismäßig viel bewegen kann. Bei den Ruder-Rafts ist das Zurückflippen des Bootes wegen den wie Flügeln auf dem Wasser liegenden Paddeln natürlich um einiges schwieriger. Aber das ist nicht

Ruder-Raft (ms)

tragisch: Im 27°C warmen Wasser des Zambesi hält es ein Schwimmer ja auch tagelang aus.

Rafts mit Heckruder
Rafts mit Heckruder, kann man auch in Österreich noch bei dem einen oder anderen Anbieter für kommerzielle Touren erspähen. Das Team sitzt mit losen Paddeln im Boot und sorgt für den Vortrieb, währen das große Heckruder hinten an einer Metallvorrichtung fixiert ist und von dem stehenden Guide bedient wird. Der Vorteil ist eine sehr effektive Wirkung der Steuerschläge aufgrund des langen Ruders, die Nachteile liegen in der Verletzungsgefahr an dem starren Ruder und in den Schwierigkeiten beim Zurückflippen des Bootes.

Rafts zum Paddeln
Am beliebtesten unter den heutigen Booten sind die Rafts ohne fest angebrachte Ruder, die ich jedem empfehle, Neulingen wie Experten. Hier muss das ganze Team mitpaddeln, um gemeinsam Geschwindigkeit aufzubauen und so die Optimallinie zu treffen. Jeder hat sein Paddel in der Hand und nichts ist am Boot fixiert, wodurch erstens die Verletzungsgefahr durch Paddel kleiner ist und zweitens das Boot leichter wieder umgedreht (geflippt bzw. zurückgeflippt) werden kann, sollte man einmal umgeworfen werden. Diese Art von Boot wird bei fast allen kommerziellen Anbietern für Touristen benutzt und auch im Leistungssport. Die Steuermänner sitzen hinten auf dem Boot und das Team paddelt gleichzeitig im Takt.

Wie oben beschrieben ist das Raft symmetrisch. Die rechte und die linke Seite sind gleich. Auch Heck und Spitze sind identisch, verjüngen sich und sind gleichzeitig hochgezogen, damit wenig Wasser über den Rand schwappt. Die beiden Seitenwände sind mit weiteren Querwülsten verbunden, die für Steifheit, Halt und Auftrieb sorgen. Je nach Raftgröße hat das Raft zwischen einem und fünf Querwülsten im Inneren.

Im Wildwasser benötigen Sie einen guten Halt an Bord. Jeder Fahrer braucht für beide Füße Fußtaschen oder -schlaufen (📷 siehe nächste Seite), zur Not nur eine Fußschlaufe und einen Querwulst vor sich, unter den er den anderen Fuß klemmen kann. Fest fixieren darf sich allerdings kein Paddler, da er sonst bei einem Flip unter Wasser festhängt.

Fußtaschen (ce)

Fußschlaufen (ce)

Um das Boot verläuft eine straff gezogene Außenleine zum Festhalten, um im Falle selbstständig wieder ins Boot zu kommen. Weiterhin wird die Außenleine zum Flippen benötigt, da man hier die Flipleine einhängt. Die Außenleine ist Pflicht, weitere optionale Haltemöglichkeiten können Griffe an den Innenseiten der Außenwülste, an den Querwülsten oder straffe Leinen über den Querwülsten sein.

Die Pioniere des Ostens

Eine interessante Entwicklung nahm das Rafting im ehemaligen Ostblock, wo es eine lange Tradition hat. Die Pioniere, meist beinharte Outdoor-Freaks, zimmerten sich mangels luxuriöser Freizeitindustrie ihre eigenen Kreationen. Grundmaterial dieser abenteuerlichen Konstruktionen waren meist ausgediente Schläuche von Auto- oder Lkw-Reifen, zusammengehalten von Eisenstangen und Tauen. So entwickelten die Sportler im Laufe der Zeit Gebilde mit hervorragenden Fahreigenschaften, die natürlich auch kein Problem mit eindringendem Wasser hatten. Vor allem die ehemalige Tschechoslowakei und Russland dürfen als wahre Wildwasser-Nationen bezeichnet werden, wo der Fantasie keine Grenzen gesetzt waren. Ein sehr interessanter und auch erfolgreicher Entwurf ist der so genannte "Bublik": Zwei riesengroße Reifen werden parallel miteinander verbunden. Ein oder zwei Paddler sitzen im Reifen, der sich so von selbst immer aufrichtet, egal wie heftig er von den Wellen malträtiert wird.

Weitere Fahrzeuge für Wildwasser

Für Touristen gibt es in den USA riesige motorbetriebene Wildwasser-Rafts, vor allem im Grand Canyon.

Die beste Raft-Wahl für Sie

Wie bereits erwähnt, halte ich die normalen Rafts ohne fixe Ruder für die besten, sowohl für Anfänger wie auch für Fortgeschrittene. Wenn Sie schon einmal eine Rafting-Tour bei einem kommerziellen Anbieter mitgemacht haben, kennen Sie diese Boote bereits. Ihre Vorteile: Erstens sind sie vielseitig einsetzbar, sie eignen sich für eine gesellige Fahrt zum Junggesellenabschied auf der flachen Donau genauso wie für eine Expedition durch Weißrussland. Man bedenke nicht zuletzt die Transportmöglichkeit beim Flug, wo ein großes Heckruder mitsamt Halterung Probleme bereiten würde. Zweitens ist bei diesen Booten das ganze Team beim Paddeln gefragt, und so macht der Sport auch am meisten Spaß. Drittens ist die Verletzungsgefahr am geringsten. Viertens ist das Boot symmetrisch im Aufbau und somit noch manövrierfähig, wenn vorne und hinten nach einer dicken Walze mal vertauscht sind. Und fünftens: Falls Sie an einem Wettkampf teilnehmen möchten, kennen Sie sich schon aus. Denn alle nationalen und internationalen Wettkämpfe werden mit Vier- oder Sechs-Mann-Booten dieser Art gefahren.

Jedes moderne Boot besteht aus mehreren Luftkammern. Bei einem durchschnittlichen Zehn-Personen-Boot findet man normalerweise neun Kammern: Eine im Boden, je zwei in jedem Seitenwulst und vier Querwülste, die im Raft die Seiten verbinden und für Stabilität sorgen. So kann auch ein leckgeschlagenes Boot noch lange weiterfahren. Zudem ist die Haut der Rafts aus so zähem Gewebe, dass außer bei spitzen Steinen nichts kaputt geht. Ein kleines Loch ist kein Problem, denn die Luft hält sich normalerweise noch tagelang. Richtiggehend explodieren habe ich eine Luftkammer nur einmal gesehen, als mein Raft quer auf einen Baustahlträger aufgefahren war. Ausgerechnet mit zahlenden Gästen an Bord, die mir allerdings inzwischen verziehen haben. Wir konnten die Tour dennoch mit diesem Boot fortsetzen.

Direkte Sonneneinstrahlung kann ebenfalls einen Riss in einer Luftkammer verursachen. Wenn Sie das Boot prall aufgeblasen in die Sonne legen und sich die Luft innen erwärmt und ausdehnt, kann der innere Druck zu groß werden. Also nach einer Tour immer ein bisschen Luft ablassen.

Es gibt mehrere gängige Raft-Größen. Die Boote bieten zwischen vier und zwölf Personen Besatzung Platz. Für ein privates Hobby-Team sind folgende Überlegungen relevant: Wer eine Expedition oder ähnliches im Sinne hat, kann sich ruhig für vier Personen ein Zehn-Mann-Boot kaufen, da Proviant und Material viel Platz einnehmen. Bevorzugen Sie sportliche kurze Touren mit viel Action, ist ein möglichst kleines Boot gut, da es wendig ist und deutlich mehr wackelt. Natürlich flippt es auch leichter im Wildwasser, aber der Spaß steht hier im Vordergrund. Ich rate dann zu einem Vier-Mann- oder Sechs-Mann-Boot.

Das Paddel

Die richtigen Paddel bei den normalen Rafts sind relativ günstig und somit ist es nicht schlimm, wenn mal eines im Wasser verloren geht. Am besten nehmen Sie gerade bei längeren Touren ein Ersatzpaddel für solche Fälle im Boot mit. Sie können es gut befestigen, indem Sie es unter die Wülste schieben. Dadurch bekommt der Boden noch etwas mehr Steifheit und das Boot zieht besser durch die Wellen.

Normalerweise hat der Raftguide ein größeres Paddelblatt als die Mannschaft, da er nicht vorwärts paddelt sondern lenkt. Für Vorwärtsschläge ist sein Blatt zu groß, doch zum Lenken ist es gut, da er sich richtig in das Paddel hineinhängen kann, ohne gleich den Druck aufs Paddel zu verlieren. Ein Paddel sollte Ihnen ungefähr bis zur Achsel reichen und auf jeden Fall am Ende einen T-Griff besitzen. Dieser gewährleistet einen sicheren Griff ohne Verrutschen und hält daher auch die Verletzungsgefahr für Mitfahrer gering.

Paddel sind aus Plastik, Carbon oder Holz. Holz ist etwas für Ästheten, bestimmt nicht schlecht aber heute relativ selten. Carbon ist sehr leicht, aber brüchiger als die anderen Materialien. Carbon-Paddel benutzen fast nur Wettkampfteams, bei denen es um Zehntelsekunden geht. Ich empfehle ein ganz normales Plastik-Paddel, robust und flexibel, sodass es sich bei zu starker Krafteinwirkung verbiegen kann, ohne zu brechen. So ein Paddel kann man leicht wieder gerade biegen.

Wildwasser

📷 (ms)

"Das Wasser ist der größte Lehrmeister", sagen die Chinesen. Es weicht zurück bei Hindernissen, aber es kommt garantiert wieder und findet immer seinen Weg. Seine Gewalt hat der verheerende Tsunami 2004 wieder einmal bewiesen. Wer die Macht des Wassers nicht schätzt, wird nach einer Fahrt im Wildwasser anders denken. Rafting ist ein Risikosport, das werden Sie merken, wenn einmal ein Strudel im tiefen Wildwasser an Ihren Füßen zieht. Deshalb ist es enorm wichtig, den Charakter eines Flusses zu studieren und seine Gefahren zu erkennen.

Der Flusscharakter

Von einer feuchten Kellertreppe bis zum Weltmeer können Sie alles befahren - wenn Ausrüstung und Wissen beziehungsweise Können auf das Gewässer abgestimmt sind. Für die feuchte Kellertreppe empfehlen sich Creek-Boot samt Ellenbogenschützern und Wildwasserkajak-Kenntnisse, für das Weltmeer eine Hochseeyacht und Wissen in Navigation und über Segelboote.

Spaß beiseite, zwei Parameter sagen am meisten über einen Fluss aus: **Wassermenge**, hier **Volumen** genannt, und **Gefälle**. Das Volumen in m^3/s besagt, wie viel Wasser der Fluss führt. Das Gefälle gibt an, wie steil der Fluss ist. Für einen unerfahrenen Paddler lauern auch hier Missverständnisse. Deshalb sind Flussbeschreibungen absolut unverzichtbar, je mehr Quellen Sie befragen, desto besser.

Wenden Sie sich bei einem Wildwasserausflug vor Ort an andere Rafter und Paddler, die den Fluss in den letzten Tagen befahren haben. Nach jedem größeren Regenfall kann sich der Charakter eines Wildflusses verändern. Felsen verschieben sich und vor allem Bäume können in den Fluss fallen und gefährliche Hindernisse bilden.

Volumen

Flüsse misst man mit Kubikmetern pro Sekunde (m^3/s). Ein kleiner Fluss führt normalerweise zwischen zwei und 15 m^3/s, die Donau nach einem ergiebigen Regen 100 m^3/s an ihrem Ursprung im Schwarzwald und 2.000 m^3/s bei ihrem Austritt aus Deutschland.

Gefälle

Wenn ein Fluss im Flussführer auf 4 km Länge mit 2 Promille (‰) oder 0,2 Prozent (%) Gefälle beschrieben wird, gibt es zwei Möglichkeiten: Entweder es ist ein netter, vor sich hinplätschernder Bach für Anfänger, oder er fließt fast gar nicht und legt sein ganzes Gefälle an einem großen, unfahrbaren Wasserfall zurück. Bei 2 ‰ beginnt ein Fluss wildwassertechnisch interessant zu werden. Extremkanuten befahren Bäche mit bis zu 180 ‰ Gefälle, beim Rafting liegt die geschätzte Höchstgrenze der Befahrbarkeit bei 35 bis 50 ‰, gemessen über eine längere Strecke von mehr als 100 m.

Das Verhältnis von Volumen zu Gefälle

Je mehr Volumen ein Fluss hat, desto weniger Gefälle benötigt er, um schwer befahrbar zu sein. Ein kleiner Wildfluss ist mit 15 ‰ noch kein Problem für ein gutes Raft-Team. Doch würde die große Donau mit diesem Gefälle zu Tale rauschen, dann wäre sie für eine Raft-Mannschaft unzähmbar und vernichtend. Je mehr Wasser in Bewegung ist, desto mehr Kraft hat es in sich. Einer der größten Wildwasser-Klassiker der Welt, der Colorado in den USA, fällt mit nur 1 ‰. Doch die mächtigen 517 m^3/s gleichen das relativ niedrige Gefälle mehr als aus und machen den Colorado zu einem reißenden Fluss. Wer hier über Bord geht, sollte kein Anfänger sein und braucht eine sehr gute Kondition, um von selbst an Land oder wieder ins Raft zu kommen.

Also: Wenn Sie den nächsten Rafting-Trip planen, suchen Sie nicht unbedingt nach dem steilsten Bach weit und breit, um mit den Gefälle-Angaben bei den Kollegen Eindruck zu schinden. Beachten Sie unbedingt auch das Volumen und weitere Gefahrenbeschreibungen. In jedem guten Flussführer bekommen Sie Informationen über Gefälle und Volumen eines Flusses, die Kombination aus diesen beiden Parametern ist eines der wichtigsten Kriterien beim Erforschen eines neuen Flusses.

Katarakt

Ein Fluss lässt sich in einzelne Abschnitte, ruhige und wildere einteilen. Für die wilderen interessiert sich der Rafting-Freund, er nennt sie **Katarakt**, **Schlucht** oder im Englischen "**Rapid**". Das Wort Rapid bezeichnet den gesamten zu befahrenden Abschnitt, in dem Sie wildwassertechnisch denken müssen. Ein Rapid ist der Teil eines Flusses, vor und nach dem Sie eine ruhige

Stelle oder ein großes Kehrwasser vorfinden, an dem Sie sicher anlanden oder im Extremfall das Boot zurückflippen und alle Insassen wieder einsammeln können.

Wie schwierig ein Rapid zu befahren ist, hängt nicht nur von Gefälle und Volumen ab, sondern auch von der Art der Hindernisse im Fluss und ob das Gefälle auf wenigen Metern oder über den ganzen Katarakt hinweg abgebaut wird.

Hindernisse

Ein Wildwasser-Fluss wird erst durch seine Hindernisse richtig interessant. Hätte er diese nicht, wäre er nur eine große Rutsche, auf der man einfach in der Mitte bleiben muss, um problemlos hinunterzukommen. So etwas gibt es im natürlichen Wildwasser nicht, sondern nur dort, wo der Mensch einen Fluss begradigt hat. In Naturflüssen stürzen Bäume und Felsen vom Ufer hinein, Gestein wird flussabwärts gewälzt und bildet natürliche Wehre, Walzen und andere Anforderungen für den Rafter.

Bei einem Hindernis gibt es zwei Gefahrenquellen: Erstens das Hindernis selbst und zweitens das Wasser, das vom Hindernis zur Richtungsänderung gezwungen wird und somit nicht schnurgerade "den Bach hinuntergeht".

Meistens erkennt man die Gefahr mit bloßem Auge, manche Hindernisse jedoch bleiben Ungeübten verborgen. Das auffälligste Merkmal ist die Bildung von Gischt, Schaum oder weißem Wasser. Wasser wird hier so stark gepresst oder in seiner Richtung geändert, dass es spritzt und mit Luft verquirlt wird. Lautes Tosen begleitet dieses Bild meistens. Die unauffälligen Hindernisse lauern unter der Wasseroberfläche: Strudel können hier nach unten ziehen oder das Wasser läuft unter den Felsen entlang: Wenn viel Wasser im Spiel ist, bedeutet das absolute Gefahr, denn viel Wasser hat auch viel Kraft.

Häufige Hindernisse und wie man sie meistert
Engen
Wenn die Ufer näher zusammenrücken und steiler werden, wartet meistens eine Enge, eine besondere Art von Katarakt. Auch eine Schlucht ist eine sehr

große Enge, wenn vorher und nachher das Tal weiter ist. Die Hauptcharakteristik einer Enge ist, dass sich das Wasser zusammenstaut, um durch das Flussbett hindurchzukommen. Eine Enge ist an sich noch kein Problem, wenn das Wasser sich davor langsam aufstauen und dann geordnet durch die Enge abfließen kann. Nur wenn beim Eingang oder in der Enge viel Wasser auf hohes Gefälle trifft, heißt es aufpassen und sich auf Action gefasst machen. Da eine Enge oft auch eine Schlucht ist, sind die Wände steil und höher als am normalen Ufer. Fahren Sie deshalb immer erst in eine Enge hinein, wenn Sie wissen: Wann und wo komme ich wieder hinaus, wie ist der Weg bis zum Ende und wie genau muss ich fahren, um sauber durch die Enge zu kommen. Hier muss die Linie stimmen, denn oft sind die Wände zu steil, um nach einer Kenterung oder einem Unfall ans Ufer zu gelangen. Sollte das Boot davongetrieben sein, kann es passieren, dass Schwimmen der einzige Weg aus der Enge ist.

Typische Engen sind zum Beispiel das sog. hohe Gericht auf dem Inn bei wenig Wasser, die Einfahrt in den Pianser Schwall auf der Sanna oder der Deep Throat Rapid auf dem Zambesi.

Felsen, Steine und Findlinge

Felsen sind die Klassiker unter den Hindernissen. Sie sind nicht so gefährlich wie Bäume und beständiger. Sie sind das Salz in der Suppe und geben meistens den wunderschönen Naturslalom vor, der den Spaß im Wildwasser erst ausmacht. Naturslalom nennt man die vorgegebene Linie durch ein Felslabyrinth, die sich die Mannschaft mental vornimmt und fahren möchte, um möglichst sicher oder mit möglichst viel Getöse durch den Fluss zu paddeln. Bei einem ruhigen Bach ist die Linie gerade flussabwärts gerichtet, im Wildwasser stehen Felsen im Weg und zwingen den Sportler wie beim Skislalom, in Schleifen und Kurven um sie herum talabwärts zu fahren.

Die Felsgröße und die Wassermenge geben dem Rafter vor, wie er sich zu verhalten hat. Ist der Stein klein oder ist wenig Wasserdruck (Volumen) vorhanden, wird die Umfahrung leicht sein. Rast dagegen viel Wasser auf einen großen Felsen zu, muss frühzeitig gehandelt werden. Jetzt ist die Frage, wie weit der Stein aus dem Wasser herausschaut: Fließt das Wasser über den Stein, bildet sich eine Welle oder eine Walze. Schaut der Stein aus dem Wasser heraus, bildet sich davor meistens ein Prallpolster: Das Wasser prallt vom

"Naturslalom": Mehrere Wege und Optionen stehen offen. Vorsicht: Kaum für ein Raft geeignete Kehrwässer in Sicht. (ce)

Stein gerade zurück und seitlich ab und bildet einen Puffer der verhindert, dass das Boot mit voller Wucht dagegenfährt. Am besten fahren Sie weiträumig um das Hindernis herum und berühren weder den Felsen noch den Puffer, der auch Presswasser oder Polster genannt wird. Wenn sich eine Berührung mit dem Hindernis nicht vermeiden lässt, fahren Sie nicht direkt auf den Stein, sondern auf eine von den beiden Seitenwänden. Nehmen Sie die Seite, die näher an Ihrer gewünschten Linie liegt beziehungsweise die Sie auf die gewünschte Optimallinie zurückbringt. Wenn Sie jedoch befürchten müssen, mit so großer Wucht auf den Stein zu fahren, dass Sie auf ihm hängen bleiben, entscheiden Sie sich für die Seite an der mehr Wasser abfließt, um besser vom Stein herunterzukommen. Sollte diese Seite die entgegengesetzte sein von derjenigen, die Sie zurück auf die Ideallinie führt, müssen Sie eine schnelle Entscheidung treffen. Hierfür ist im Ernstfall einiges an Erfahrung nötig, denn Sie müssen sich dann wirklich schnell entscheiden.

Grundsätzlich gilt beim Auffahren auf einen Stein: Fahren Sie gerade auf, also im Winkel von 90° zum Stein und zur Strömung, die an den Stein prallt (📷 Seite 28). Das hat den Vorteil, dass Sie dem Stein und dem Wasser weniger Angriffsfläche bieten. Beim Stein ist der Vorteil klar: Weniger Fläche trifft

Das Boot fährt gerade auf ... (ce)

auf den Stein, also kann auch weniger Boot auf dem Stein hängen bleiben, das Raft wird eher abgepuffert anstatt auf den Stein aufgeschoben. Doch dann kommt Teil zwei: Hängt das Boot am Stein, schießt von hinten das Wasser auf die nach oben liegende Seite. Ist dies eine lange Seitenwand, kann das Wasser die gesamte Breite packen und das Boot umwerfen. Das Boot dagegen über die Spitze oder das Heck umzuwerfen bedarf viel mehr Kraft, weil diese Enden schmaler sind und das Wasser so weniger Angriffsfläche hat.

Haben Sie es erstmal geschafft, das Boot mit der Längsrichtung auf den Stein auszurichten, können Sie sich dem zweiten Trick widmen, um möglichst schnell weiterpaddeln zu können: Normalerweise werden Sie mit der Spitze auf den Stein fahren. Jetzt achten Sie darauf, dass das Heck, das durch das

dreht sich stabil ... (ce)

mit der Spitze auf dem Stein ... (ce)

und wird von der Strömung vom Stein gezogen (ce)

abrupte Stehenbleiben des Bootes gleich enorm viel Wasserdruck abbekommen wird, möglichst im vom Stein abfließenden Wasser steht. Dann stoppt das Boot am Stein und wird, mit der Spitze auf dem Stein hängend, mit dem Heck flussabwärts gedreht. Jetzt ist die Gefahr des Flippens gebannt und das Wasser sollte genug Kraft haben, um das Boot weiter zu ziehen.

Sie haben bei einer Kollision mit einem Felsen also eine ganze Reihe von Entscheidungen und Paddelschlägen zu unternehmen: Wenn das Boot nur seitlich an den Stein gerät und mit großer Wahrscheinlichkeit nicht festgehalten wird, Spitze weg vom Stein in die ablaufende Richtung, dann werden Sie vom Presswasser vom Stein abgefedert und rutschen am Stein entlang zurück in die Strömung. Ist dagegen ein Auffahren mit anschließendem Hängenbleiben zu erwarten, stellen Sie das Boot im rechten Winkel zum Felsen an und bringen Sie das Heck in die ablaufende Strömung.

Wird das Boot mit einer Breitseite auf den Stein aufgeschoben, muss die Mannschaft blitzschnell reagieren, um erstens nicht zu flippen und zweitens möglichst wenig aufgeschoben zu werden. Dabei muss das ganze Team auf die dem Stein zugewandte Seite springen um das Gewicht dort zu halten. So kann das Wasser unter der unbelasteten oberen Seite hineinschießen ohne zu viel Druck auf den oberen Außenwulst aufbauen zu können (☞ "Walze"). Zudem drückt das Gewicht des Teams den Wulst auf der unteren, am Stein liegenden Seite so weit nach unten, dass das Boot nicht weiter auf den Felsen aufgeschoben wird.

Das Boot fährt mit der Breitseite auf den Stein:
Alle zum Stein legen! (ce)

Wenn das Boot einmal festsitzt: Versuchen Sie zunächst, ob Sie es vom Felsen bekommen, indem alle Insassen aufstehen und auf und abspringen. Bei leichteren Fällen rutscht das Boot auf diese Weise zurück in die Strömung.

Sitzt das Boot fester, müssen zunächst die Insassen auf den Stein klettern und an den Rand geborgen werden. Danach können Sie versuchen, das Boot mit Seilen vom Rand aus zu bewegen. Dabei steigert ein Flaschenzug die Wirkung um ein Vielfaches. Funktioniert das nicht, lassen Sie den Flaschenzug von ein paar Kameraden festhalten während ein Crew-Mitglied auf das Raft klettert um kontrolliert Luft abzulassen. Die Vorgehensweise: Immer ein bisschen Luft aus einer nach der anderen Luftkammer ablassen, beginnend mit der Kammer, die am meisten unter Wasserdruck steht. Hin und wieder ein bisschen rütteln und schauen, ob sich schon etwas bewegt, während am Flaschenzug fleißig mitgezogen wird.

Achten Sie auf jeden Fall darauf, dass niemand vor dem Raft schwimmt, bevor es gegen den Stein prallt. Zwischen Felsen und Boot entwickelt sich eine unglaubliche Kraft. Rutscht das Boot gleich wieder weiter, bleibt es mit Glück nur bei blauen Flecken. Bleibt das Boot hängen und jemand ist eingequetscht, bleibt keine Zeit für lange Rettungsaktionen: Das Raft muss sofort mit dem Messer aufgeschnitten werden, beginnend mit den am meisten unter Wasserdruck stehenden Flächen. Dann nimmt der Druck meist schnell ab und der Schwimmer kommt frei. Aber darauf sollten Sie es auf keinen Fall ankommen lassen.

Überspülte Felsen, Walzen und Löcher

Wie unter ☞ Felsen beschrieben hängt es bei einem überspülten Felsen immer davon ab, wie viel Wasser darüber fließt. Fahren Sie nicht auf einen Felsen auf, es sei denn, Sie wollen dem Motto "Rock and Roll" eine neue Bedeutung verleihen. Durch überspülte Felsen entstehen Wirbel, Löcher, Wellen, Unterwasserströmungen und Kehrwässer. Je besser Sie am Anfang lernen ihnen großräumig auszuweichen, desto früher können Sie die Schönheit dieser Phänomene bewundern und sich dann mit zunehmendem Können immer enger an ihnen vorbeimogeln oder mit der richtigen Technik darüber hinwegfahren, wenn genug Wasser über sie läuft.

Bei sehr viel Wasser passiert nicht viel außer dass sich ein paar Wirbel bilden. Mit weniger Wasser über dem Felsen wird es schon schwieriger, das Wasser kann hinter dem Felsen abfallen und ein "Loch" mit einer Walze, einer sich überschlagenden Welle bilden. Löcher und Walzen werfen ein Boot am ehesten um. Das Loch muss nicht groß sein, um viel Wasserdruck ausüben zu können, also Vorsicht! Ein Anhaltspunkt: Wenn das Wasser hinter dem Felsen brodelt und mit so viel Luft verquirlt ist, dass es schäumt, hat das Loch viel Kraft. Nur die Erfahrung hilft Ihnen bei der Einschätzung im Ernstfall, denn die ruhigsten Löcher sind oft die kräftigsten.

Massives und gefährliches Loch auf der Ötztaler Ache (ce)

Läuft nur sehr wenig Wasser über den Felsen, ändert sich die Art der Gefahr. Denn dann kann das Raft Schaden nehmen, vor allem wenn der Fels spitz ist. Auch sollte man das Paddel nicht unmittelbar zwischen Felsen und Raft eintauchen. Wenn Sie es nicht früh genug aus dem Wasser nehmen, könnte es eingezwängt und unter das Boot gedrückt werden.

Es ist im Einzelfall zu entscheiden, wie ein überspülter Felsen zu befahren ist. Mit Erfahrung lässt sich ein Fels oft problemlos überfahren. Für den Anfänger gilt: Am besten weiträumig umfahren, so weit es der Flusscharakter zulässt. Ist das Überfahren nicht zu vermeiden: Je größer die Wirbel oder die Wucht des Loches, desto schneller müssen Sie direkt vorwärts über das Hindernis paddeln (📷 nächste Seite). Bieten Sie den Strudeln keine Angriffsfläche, geraten Sie also nicht quer. Wenn ein heftiger Aufprall zu erwarten ist, ruft der Bootsführer kurz vorher ein kräftiges "Hold on": Festhalten! Jeder rutscht ein Stück in die Mitte und greift schnell nach einem Griff oder einer Leine. Und um die Verletzungsgefahr durch fliegende Paddelknäufe zu vermeiden, hält die Crew ihre Paddel möglichst an den Außenrand des Bootes.

Gerade und mit viel Schwung durch Wellen und Walzen! Die Rafter werfen sich nach vorne, um mit dem Paddel hinter das Loch ins ablaufende Wasser zu langen und sich aus dem Loch herauszuziehen. (ce)

Mit zunehmender Erfahrung weiß ein Rafter genau, wann er durchpaddeln kann und bei welchen Löchern und Walzen er sich doch lieber festhält, um im Boot zu bleiben. Zudem hat er gelernt, wohin er sich im Boot werfen muss, damit kein Flip droht. Im Zweifelsfall an das flussabwärts gerichtete Ende des Bootes, damit das von hinten herabströmende Wasser das Boot nicht nach hinten umwirft, wenn das Raft im Loch festgehalten wird.

Walzen und Löcher

> Ich fasse zusammen: Löcher und Walzen entstehen
> ▷ durch ein zumeist felsiges Hindernis im Fluss
> ▷ wenn Wasser eine Strecke über starkes Gefälle hinunterschießt und dann auf eine Ebene trifft
> ▷ aus einer Kombination von beidem

Walzen (📷 nächste Seite) sind sich überschlagende Wellen, die durch ihre Größe und die Menge der sich überschlagenden Wassermasse ein Boot stoppen, festhalten und umwerfen können.

Walze (ce)

Löcher entstehen, wenn Wasser schnell und mit viel Druck über den Felsen schießt. Dadurch bildet sich hinter dem Felsen ein Unterdruck, der durch zurückfließendes Wasser aufgefüllt wird. Diese zurückfließende Strömung nennt man Rücklauf. Die beiden Strömungen liegen übereinander, von oben und unten treffen sie aufeinander und bilden einen rotierenden Strudel, der je nach Wasserkraft vom Fußball bis zum Baumstamm alles in sich behält.

Der Unterschied zwischen Löchern und Walzen: Bei einer Walze schießt das Wasser durch das Hindernis nach oben oder es fällt hinter dem Hindernis ab und schießt dann mit einer sich überschlagenden Welle hoch. Bei einem Loch dagegen brodelt das Wasser und spritzt nicht so weit nach oben, die Kraft spielt sich mehr unter der Wasseroberfläche ab. Löcher sind meist etwas unfreundlicher als Walzen, da sie nicht nur Material und Paddler in sich behalten und umwerfen, sondern bei entsprechendem Wasserdruck den Schwimmer immer wieder unter Wasser ziehen, unter Wasser rotieren lassen und dann kurz loslassen, um das Spiel wieder von vorne zu beginnen.

Vorausgesetzt das Team befindet sich noch im Boot und das Raft wird von einer Walze oder einem Loch festgehalten - was ist zu tun? Zunächst legt sich wie bereits beschrieben das ganze Team auf die flussabwärts gerichtete Seite, damit das Boot nicht flippt. Dann versucht es, das Boot mit Paddelschlägen an ein Ende der Walze zu manövrieren. Sobald das am Rand der Walze vorbeilaufende Wasser einen Teil des Bootes erfasst, lehnen Sie sich mit dem Paddel in die Strömung und ziehen das Boot zu ihr hin. Das Wasser wird so viel Druck auf das Paddel ausüben, dass Sie es nur in die Strömung halten müssen. Paddelschläge sind hier nicht so effektiv, lassen Sie das Paddel einfach im Wasser.

Wenn alles gut läuft, nimmt die Strömung das Boot mit, wenn nicht wird nur die Spitze mitgenommen. Das Boot dreht sich um 180°, das Team muss sich auf die andere Seite werfen und den nächsten Versuch starten, um an den Rand des Loches zu kommen und sich herauszuziehen.

✋ Fällt während dem Manöver ein Teammitglied aus dem Boot und wird weggespült, das Boot bleibt aber noch eine Weile im Strudel stecken, treibt der Schwimmer sehr schnell ab. Also fallen Sie erst gar nicht aus dem Boot! Ansonsten muss das Team so schnell wie möglich raus aus der Walze und hinter Ihnen her, vor allem wenn das Wasser kalt ist und die nächsten Meter gefährlich sind.

Wellen

Im Wildwasser steht der Begriff Welle für pures Vergnügen. Verehrt wird die Welle von Wildwasserfans, Meeresfreunden, Badeurlaubern und Surfern. Das ganze Leben läuft in Wellen ab: Ein sanftes Kommen und Gehen von verschiedenen Gefühlen und Entwicklungsstufen des Menschen, sachte, aber stets mit viel Kraft und Wirkung.

Masse und Form einer Welle bestimmen ihre Gefahr. Wellen, die höher als die Außenwand des Rafts sind, haben schon viel Kraft. Beobachten Sie die Spitze der Welle: Überschlägt sich die Welle mit weißen Spritzern in Richtung flussaufwärts, ist es eine brechende Welle, ein Brecher. Überschlagen sich so starke Wassermassen an der Wellenspitze, dass der Strudel ein Raft oder Kajak festhalten kann, fällt er unter die Kategorie "Walze".

Wellen und Brecher sind meist kein Problem, solange Sie im rechten Winkel mit Geschwindigkeit direkt hindurchpaddeln. Wellen sind eher gefährlich, weil viele schräg stehen und mit ihrer Kraft an den Breitseiten arbeiten, wo das Boot mehr Angriffsfläche bei zugleich weniger Stabilität bietet und leichter kippt.

Wenn Sie durch eine Welle fahren möchten, die nicht genau quer zur Strömung sondern schräg im Fluss liegt, dann fahren Sie am besten auch schräg an, um den Winkel wieder auf 90° zu bringen. Von der seitwärts gerichteten Geschwindigkeit hängt ab, mit welchem Winkel man durch die Welle fahren kann. Bei viel Geschwindigkeit zur Seite nimmt im Verhältnis die Fließgeschwindigkeit ab und das Boot bekommt Durchschlagskraft nicht nur flussabwärts, sondern auch seitwärts. Diese Durchschlagskraft zur Seite benötigen Sie für eine Schrägwalze, um von ihr nicht aufgehalten oder umgeworfen zu werden. Je schneller Sie seitwärts paddeln, desto schräger können Sie das Boot stellen. Je langsamer das Team ist, desto mehr muss man das Raft trotz Querwalze abwärts stellen, da die Geschwindigkeit des Bootes und seine Durchschlagskraft dann fast nur flussabwärts gerichtet sind.

Noch anspruchsvoller wird es bei einer v-förmigen Welle: Zwei Schrägwellen treffen sich an ihrem unteren Ende. So eine Welle entsteht meistens, wenn das Wasser durch eine Verengung des Flussbettes zusammengepresst und durch ein Gefälle beschleunigt wird. Entscheiden Sie sich für eine der beiden Seiten und durchbrechen Sie sie weit oben, bevor Sie den Vereinigungspunkt der beiden Wellen berühren. Denn an diesem Punkt steht eine spitze Welle, die das Raft zu beiden Seiten hin umwerfen könnte, je nachdem auf welcher Seite der Schwerpunkt des Bootes liegt. In so einem Fall müssen Sie sich schnell auf diejenige Seite des Rafts werfen, die als erstes die Welle durchbricht. Damit legen Sie das Gewicht auf den Teil des Bootes, der als erstes im ablaufenden Wasser ist und von der Welle wegzieht.

Dieses Umfahren des Mittelpunktes gilt besonders dann, wenn in der Mitte eine enorme Walze steht, die ungemütlich werden könnte.

Die perfekte Welle zum Surfen im Fluss steht immer an derselben Stelle, steigt sauber und steil an, bricht sich nicht und fällt zu keiner Flussseite hin ab. Surfbretter, Kanus und Rafts benötigen natürlich verschiedene Wellengrößen. Längeres Surfen mit dem Raft auf einer grünen Welle ist nur selten möglich: Sie muss sehr groß und Technik und Kraft des Teams müssen hervorragend sein. Denn ein Raft lässt sich schwer in seiner Drehrichtung ändern, wenn es einmal zu driften begonnen hat, und surfen bedeutet ständigen Richtungswechsel, damit man in der Spur bleibt. Beim Surfen müssen Sie immer die Seite des Bootes entlasten, die flussaufwärts zeigt, also möglichst weit hinten auf der Welle oder Walze sitzen. Zusätzlich müssen Sie auch steuern: Immer auf derjenigen Seite kontern, die flussaufwärts zeigt, damit die Spitze wieder auf diese Seite dreht. Zusätzlich muss die Besatzung an der flussunteren Seite vorwärts paddeln oder mit Drehschlägen arbeiten, damit das Boot nicht aus der Welle gespült wird und abdriftet. Wenn das Surfen wirklich mehr als ein paar Sekunden funktioniert und alle Insassen an diesem schwebeartigem Zustand mitarbeiten, steht jedem gewöhnlich ein breites Lachen im Gesicht.

Unterspülungen und Siphons

Ein Siphon ist ein sehr gefährliches Unterwasser-Hindernis. Wasser wird unter der Oberfläche unter Felsen hindurchgespült. Die Gefahr besteht darin, dass der Siphon eng ist und man darin hängen bleibt, vor allem wenn Äste und anderer Unrat darin hängen. Es gibt viele Schauergeschichten von Paddlern, die durch einen Siphon hindurchgezogen wurden und glücklicherweise am anderen Ende herauskamen. Aber auch von Paddlern, die nicht mehr herauskamen.

Es gibt Flüsse, die viele Siphons aufweisen, andere dagegen überhaupt keinen, das hängt vom Flusscharakter ab. Informieren Sie sich vor der Fahrt. Wenn ein Flussabschnitt durch Felssturz zustande kam und große Felsbrocken zu Haufen aneinander oder übereinander liegen, ist die Gefahr eines Siphons groß. Hier gilt dann für alle Wassersportler: Nicht ins Wasser fallen. An der Oberfläche ist alles in Ordnung, aber unter Wasser kann ein Siphon lauern. Zwei siphonreiche Wildwasserklassiker in Europa sind die große Schlucht auf der Soca und die Loferschlucht auf der Saalach. Hier sollten nur wirklich Erfahrene paddeln.

Kehrwasser

Das Kehrwasser und das Befahren eines Kehrwassers gehört zum Wichtigsten, was man im Wildwasser kennen und können muss. Ein Kehrwasser findet sich hinter Hindernissen und am Ufer bei Einbuchtungen. Hier entsteht wie beim Loch ein Unterdruck aus von oben herabströmendem Wasser, der durch Wasser von unten oder von der Seite gefüllt wird. Kehrwasser können ganz ohne Strömung sein, dann sind sie optimal zum Anlanden. Sie können bei viel Druck aber auch nach oben fließen und das Boot wieder in die Strömung drängen. Wenn große Wassermassen mit viel Druck am Rand eines Kehrwassers aufeinandertreffen, können starke Wirbel und nach unten ziehende Strudel an der Grenze zwischen Kehrwasser und Strömung entstehen.

Ein Kehrwasser bietet die Möglichkeit zum Anhalten und Aussteigen. Je schneller der Fluss fließt, desto wichtiger ist es, ein Kehrwasser sauber befahren zu können. Sie müssen Erfahrung darin sammeln, mit welcher Geschwindigkeit und mit welchem Vorhaltewinkel Sie ein Kehrwasser ansteuern müssen, um problemlos und möglichst knapp darin anzulanden. Grundsätzlich gilt: Je mehr Wasserdruck und Wirbel entstehen, je unruhiger das Kehrwasser ist, desto mehr sollten Sie mit Geschwindigkeit und im spitzen Winkel die Kehrwassergrenze durchbrechen. Fahren Sie auf einem Fluss, den Sie nicht kennen oder schon länger nicht gepaddelt sind, immer nur bis zum nächsten sichtbaren Kehrwasser, das Sie auch sicher treffen.

Bäume

Eine weitere klassische Gefahr sind quer liegende Bäume knapp über oder unter der Wasseroberfläche. Sie lauern auch auf Flüssen, die Ihnen schon bekannt sind. Man fährt nichts ahnend um eine Kurve und plötzlich versperrt ein Baum den Fluss. Fahren Sie deshalb einen Flussabschnitt nur dann, wenn Sie ihn entweder direkt vorher eingesehen haben oder wenn der Flusscharakter ein jederzeitiges Anlanden ans Ufer zulässt.

Die Taktik, wenn es zu spät ist und der Zusammenstoß mit dem Baum unvermeidbar ist: Auf jeden Fall über der Wasseroberfläche bleiben, denn die Äste eines Baums reichen meist auch unter Wasser und bilden ein gefährliches Sieb, das jeden Schwimmer in sich behält. Schätzen Sie ab, ob es das Raft über den Baum schaffen wird oder nicht: Wird es vermutlich drüberfahren, bleiben Sie sitzen. Liegt der Baum aber höher und das Raft dürfte aller Erwartung nach unter dem Baum durchfahren oder hängen bleiben: Springen Sie über den Baum hinweg ins Wasser hinter dem Baum, wenn das Flussstück danach einigermaßen schwimmbar ist. Sie sehen: Die Qual der Wahl, die Sie lieber von vornherein durch vorausschauendes Verhalten vermeiden sollten.

Achtung Bäume: Sofort anhalten! (ce)

Wasserfälle

Ein Wasserfall ist meistens eine weithin sicht- und hörbare Gefahr. Wie bei einem überspülten Felsen fällt das Wasser hinter einer Abrisskante ab und bildet danach einen mehr oder weniger großen Strudel oder Rücklauf. Der Unterschied zwischen überspültem Felsen und Wasserfall: Beim Wasserfall stürzt der ganze Fluss über die Abrisskante und er kann von 30 cm bis zu hunderten Metern hoch sein.

Mit Raft stößt die Befahrbarkeit eines Wasserfalls schnell an Grenzen, da die Paddler nicht so fest im Boot sitzen wie im Kajak.

Der höchste kommerziell geraftete Wasserfall ist momentan in Neuseeland auf dem Kaituna River: Die Okere Falls stürzen 7 m in die Tiefe. Die Chance zu flippen liegt dabei bei 20 bis 30 % pro Versuch. Das Ganze ist auch nur deswegen machbar, weil danach ein großer Pool wartet, in dem das Boot zurückgeflippt und Kunden und Paddel ohne Probleme eingesammelt werden können.

Zivilisation

Der Eingriff des Menschen in einen natürlichen Flusslauf bedeutet für den Wildwassersportler meist Gefahr. Bauten des Menschen widersprechen den Naturgesetzen geradezu. Damit meine ich nicht, dass sie die Newtonschen Gesetze brechen, aber Sie erahnen die Botschaft:

Ein Fluss folgt gewissen Regeln: "Alles, was sich in meinem Lauf befindet, wird einer ständigen Kraft ausgesetzt, die sich ihren Weg bahnt. Selbst die größte Mure, die in ein Flussbett rauscht, werde ich überwinden, mir einen Weg durch sie bahnen und sie abbauen. Felsblöcke stürze ich um und schleife sie ab, bis mein Weg wieder eben ist. Aber ich werde stets meine Gefahren preisgeben (außer bei Bäumen und Unterspülungen): An gefährlichen Stellen werde ich laut rauschen, weithin sichtbar aufschäumen und jeden Flussbewohner warnen."

Ein Wehr nimmt dem Fluss seine natürlichen Gefahren: Der Fluss wird ruhiger, aber das Wehr selbst ist ein großer Abfall mit vernichtendem Rücklauf.

Ein Fluss ist manchmal etwas mehr und etwas weniger gefährlich, ein Wehr hingegen ist immer lebensgefährlich. Wer hier nicht vorher aussteigt muss damit rechnen, um sein Überleben zu kämpfen.

> Weitere Gefahren durch menschliche Eingriffe:
> ▷ Drähte und Leitungen können knapp über oder unter der Wasseroberfläche verlaufen.
> ▷ Glasscherben, Baustahl, scharfkantiger Müll und manchmal auch alte Fischerhaken gefährden Boot und Füße.
> ▷ Ansaugrohre und Kraftwerksturbinen saugen Wasser an. Generell ist bei Kraftwerken größte Vorsicht geboten, Sie sollten sie weiträumig umtragen. Das Wasser wird meistens unter der Wasseroberfläche angesaugt, deshalb sollten Sie mit keinem Körperteil tiefer ins Wasser kommen, auch wenn die Oberfläche eben wie ein See ist. Achten Sie auf ganz leichte Strudel oder Wasserbewegungen an der Oberfläche!

Zwei von Menschenhand geschaffene Konstruktionen sind besonders hinterlistig und häufig auf dem Wildwasser anzutreffen, ihnen muss mit äußerster Vorsicht begegnet werden:

Künstliche Wehre: Auf den ersten Blick schaut ein künstliches Wehr ohne Kraftwerk oft harmlos aus. Das Wasser fällt über die Kante ab, es brodelt ein bisschen und danach fließt es ruhig weiter. Aber fahren Sie absolut niemals über ein künstliches Wehr, wenn Sie nicht schon eine Menge Erfahrung in Sachen Wildwasser haben! Und selbst erfahrene Wildwasserexperten kamen durch Wehre schon zu Tode. Die Gefahr liegt, wie bei einem Loch, unter der Wasseroberfläche. Wenn ein Boot über das Wehr fährt, flippt es entweder gleich bei der Befahrung oder das Team fährt das Wehr zwar sicher über die Kante, kann aber nicht über den Rücklauf hinwegpaddeln und wird zurück zum Wehr gezogen, wo das Raft dann flippt. Sobald die Paddler dann im Wasser schwimmen, merken sie schnell, warum ein Wehr gefährlich ist: Vom Rücklauf wird ein Schwimmer zum Wehr hochgezogen. Dort gelangt er in den Strudel und wird an den Grund des Flusses hinuntergezogen. Unter Wasser wird er wieder ein paar Meter mit der Unterwasserströmung flussabwärts gespült, taucht wieder auf und wird vom oberflächlichen Rücklauf wieder ins Wehr gezogen. Die einzige Chance zu entkommen: Ziehen Sie Ihre Schwimmweste aus, lassen Sie sich wieder an das Wehr spülen (Sie haben sowieso keine Wahl), holen Sie tief Luft, bevor es in die Tiefe geht, und versuchen Sie, am Boden des Flusses flussabwärts zu schwimmen, um in das vom Wehr abfließende Wasser zu geraten. Das Ausziehen der Schwimmweste ist natürlich riskant und sollte nur als letzte Option gewählt werden.

Brücken, Brückenpfeiler und Pylonen: Sie stehen fest und unausweichlich mitten im Fluss, der sich normalerweise seinen Weg sucht und alles frei räumt. Doch beim Brückenpfeiler gibt selbst der Fluss nach, zumindest für einige Jahrzehnte. Kommen Sie niemals quer vor einen Brückenpfeiler! Das Raft wickelt sich um den Pfeiler und das daraufprallende Wasser fixiert das Boot mit so großer Gewalt, dass eine Rettungsaktion äußerst aufwändig wird. Die größte Gefahr, wenn ein Raft an einen Brückenpfeiler gespült wird, ist das Einklemmen einer Person zwischen Pfeiler und Raft. Grundsätzlich sollte man niemals direkt flussabwärts unterhalb eines Rafts schwimmen, um nicht zwischen Hindernissen und dem Raft eingeklemmt zu werden.

Technik

Einführungsgespräch (ms)

I: Jeder für sich

Im letzten Kapitel haben Sie alles Wichtige über den Fluss gelesen. Nach der Natur wenden wir uns jetzt den Menschen zu, die den Fluss befahren wollen. Als erstes geht es um die Frage: "Was muss der einzelne zur Teamleistung beitragen?" Darauf aufbauend: "Wie setze ich die einzelnen Paddelschläge der Crew zu einem gut funktionierenden Orchester zusammen, bei dem jeder weiß, wann er was zu tun hat?" Der dritte Teil des Kapitels behandelt grundlegende Hinweise, wie man die Befahrung eines Rapids am besten plant.

Nach einer kurzen Erklärung der Sitzposition und der richtigen Paddelhaltung werden die fünf Grundschläge erläutert: Vorwärts- und Rückwärtsschlag, Drehschlag, Konterschlag und Ziehschlag. Konter- und Ziehschlag dienen ausschließlich zur Steuerung des Bootes, nicht zur Geschwindigkeitsaufnahme.

Die Sitzposition

Ein normales Raft besteht aus einem Boden, aus zwei Außenwülsten, die sich an Bug und Heck treffen und aus zwei oder mehreren innen liegenden Querwülsten.

Am Boden sind Fußtaschen oder -schlaufen für die Fixierung der Füße befestigt. Am besten sollten jedem Paddler zwei Schlaufen oder Taschen für beide Füße zur Verfügung stehen. Ist nur eine Fußtasche vorhanden, stecken Sie den zweiten Fuß fest unter einen vor Ihnen liegenden Querwulst.

Wenn es dann zur Sache geht, ziehen Sie die Fußspitzen nach oben und bohren die Fersen in den Boden.

Stabile Wettkampfposition. Über längere Strecken ungeeignet, wegen der starken Hüftbelastung(ce)

Setze Sie sich möglichst weit nach außen auf einen Außenwulst. Das hat zweierlei Vorteile: Sie haben mehr Körperspannung zwischen den Füßen und dem Rumpf und rutschen nicht aus den Taschen. Zweitens sind Sie näher am Wasser und können das Paddel gut einstechen.

Die Füße zeigen jetzt schräg in den Innenraum, mit der Oberkörper drehen Sie sich ab der Hüfte aufwärts nach vorne, sodass die Schulterachse im 90°-Winkel zu den Außenwülsten steht und Sie gerade nach vorne und auf Ihren Vordermann sehen können.

Gemütliche Position bei nur einer Fußtasche. Fixieren Sie den freien Fuß (ce)

Außen auf dem Wulst sitzen: Linker Hintermann richtig, rechter Hintermann falsch (ce)

Variante: Benutzen Sie den Innenwulst des Vordermannes zum Fixieren der Füße (ce)

Das Paddel greifen

Ein Stechpaddel besteht aus einem Blatt, dem Schaft und einem T-förmigen Knauf. Bei optimaler Länge sollte das Paddel im Stehen genau unter die Achsel passen, bei Bedarf kann es auch ein paar Zentimeter länger sein. Fassen Sie den Knauf an, indem Sie von unten den Daumen an den Knauf und die vier anderen Finger oben um ihn herumlegen. Mit diesem Affengriff kann das Paddel bei viel Druck nicht nach oben wegrutschen. Mit der anderen Hand greifen Sie den Schaft weiter unten kräftig an. Die optimale Position der unteren Hand: Legen Sie das Paddel quer über den Kopf und bilden Sie mit beiden Ellenbogen einen 90°-Winkel.

Haltung vom Knauf (ce)

Haltung vom Paddel (ce)

Der Vorwärtsschlag

Beim Eintauchen beugen Sie sich möglichst weit nach vorne, verdrehen die äußere Schulter nach vorne und strecken den unteren Arm weit aus. Nur mit den verhältnismäßig kleinen Armmuskeln zu paddeln würde bedeuten, schnell zu ermüden und nicht so kräftige Schläge zu machen. Benutzen Sie deshalb drei Muskelgruppen für den Vorwärtsschlag: Die Armbeuger, die Rumpfdreher und die Rumpfbeuger. Und jetzt kräftig und lang durchziehen, legen Sie Ihr ganzes Gewicht in den Schlag. Ein gutes Gefühl!

Wichtig ist jetzt noch, dass Sie das Paddel nicht schräg wie ein Ruderer ins Wasser eintauchen, sondern möglichst steil. Dazu muss die obere Hand mit dem Knauf auch aus dem Boot heraus und fast gerade über dem Paddelblatt stehen, sodass beide in Längsrichtung eine Linie bilden. Dadurch können Sie auch mit der oberen Hand viel Druck aufbauen. Das bringt einen kräftigeren Schlag und außerdem fallen Sie nicht so leicht aus dem Boot. Denn wenn Sie kräftig reinlangen, haben Sie einen guten Halt und können sich wieder ins Boot hineindrücken wie an einer im Wasser stehenden Stange, wenn es im Wildwasser "scheppert". Natürlich sollte das Körpergewicht am Ende des Schlages wieder über dem Boot sein, sonst fällt der Halt abrupt weg.

Viel Kraft zu verwenden bedeutet bei falscher Technik nicht automatisch Geschwindigkeit und Vortrieb. Um Vortrieb zu erreichen, sollte der optimale Eintauchwinkel ungefähr 80° betragen. Messungen des Instituts für angewandte Trainingswissenschaften in Leipzig zeigen, das die ersten 20 cm des Schlages für den Großteil des Vortriebes verantwortlich sind. Achten Sie beim Paddeln also auf eine saubere und kräftige Eintauchphase. Nach hinten raus gibt es nicht mehr viel zu gewinnen: Wenn das Paddel an der Hüfte vorbei ist, wird das Wasser hauptsächlich sinnlos nach oben geschaufelt, verschwenden Sie hier also keine Energie, sondern nehmen Sie das Paddel zügig aus dem Wasser und führen es in einer flüssigen Bewegung wieder nach vorne. Es gilt wie bei vielen Sportarten mit Fahrzeugen, zum Beispiel beim Skifahren oder beim Mountainbiken: Vorne spielt die Musik! Zögerlich zurückgebeugt lässt sich keine Kurve sportlich befahren.

Auf Flachwasser sauber zu paddeln ist viel einfacher als im Wildwasser. Bei Wellen und Walzen müssen Sie neben dem Halt im Boot noch beachten,

Der Vorwärtsschlag (ce)

hinter die Welle zu greifen. Wenn Sie nahe genug an einer Welle sind, lehnen Sie sich weit nach vorne, langen Sie beim Eintauchen über die Welle drüber und setzen das Paddel davor ein. So ziehen Sie sich und das Boot mit einem kräftigen Schlag über den Wasserberg. Außerdem ist das Gewicht dann hinter der Welle, das Boot bleibt ruhiger auf dem Wasser liegen und kann ohne Geschaukel eine saubere Linie fahren.

Der Drehschlag

Bei der Befahrung einer Kurve sind normalerweise die beiden Steuerleute hinten gefragt. Das Team kann jedoch unterstützend eingreifen, indem diejenigen Drehschläge machen, die auf der entgegengesetzten Seite von der gewünschten Richtung sitzen. Soll das Boot nach links, machen die Paddler an der rechten Seite Drehschläge. Ein Drehschlag ist ein Vorwärtsschlag, der im Halbkreis möglichst weit weg vom Boot durchgezogen wird. Das Paddel wird also nicht ganz so steil eingetaucht, sondern etwas flacher wie beim Rudern. Dazu wird die obere Hand am T-Knauf tiefer gehalten und drückt nicht nur nach unten, sondern auch nach außen. Der Paddler lehnt sich mit seinem Gewicht nach außen, in den Drehschlag hinein.

Drehschlag, rechte Seite (ce)

Der Rückwärtsschlag

Je besser die Crew ist, desto weniger wird sie den Rückwärtsschlag benötigen, weil die Steuerleute das Boot so lenken, dass es immer nach vorne fährt. Je unerfahrener das Team, desto öfter muss es eine Rückwärtstraverse fahren (rückwärts mit dem Heck nach oben den Fluss queren) oder bei scharfen Drehungen mit einer Seite rückwärts paddeln.

Der Rückwärtsschlag kann nicht so steil und effektiv wie der Vorwärtsschlag durchgeführt werden, doch im Prinzip gelten dieselben Regeln. Die hier beteiligten Muskelgruppen sind allerdings die Antagonisten der beim Vorwärtspaddeln beteiligten Muskeln. Wer rückwärts nicht die gewünschte Kraft auf das Paddel bringt, kann als Hilfsmittel die Hüfte als Hebelpunkt für das Paddel benutzen. Setzen Sie das Paddel hinten ein und legen Sie den Paddelschaft an Hüfte oder Rippen an. Jetzt ist das Paddel fixiert und kann um diesen Fixpunkt herum gedreht werden.

Der Rückwärtsschlag (ce)

Die Steuerschläge

Die beiden Steuerschläge, das "Kontern" und das "Ziehen", werden fast ausschließlich von den beiden Steuermännern benutzt, die ganz hinten im Boot sitzen. Bei einem kommerziellen Trip steuert normalerweise nur ein professioneller Raftguide das Boot, in einem festen Team steuern beide Hintermänner. Die Steuerleute sollten sich blind verstehen.

Sie arbeiten hauptsächlich mit dem Konterschlag: Wenn das Boot nach links drehen soll, macht der links hinten sitzende Steuermann einen Konterschlag. Der rechte Steuermann kann mit einem Ziehschlag auf seiner Seite unterstützend eingreifen, wenn sein Gegenüber das Boot alleine nicht schnell genug drehen kann. Der Konterschlag dreht das Boot zur Seite des Ausführenden, der Ziehschlag zur Gegenseite. Der linke Steuermann lenkt also mit dem Konterschlag nach links und mit dem Ziehschlag nach rechts.

Zieh- und Konterschlag werden, wie Vorwärts- und Rückwärtsschlag ausgeführt das Paddelblatt steht allerdings nicht im rechten Winkel zum Boot sondern parallel. Je mehr Geschwindigkeit das Boot durch die vorderen Paddler hat, desto effektiver sind die Steuerschläge.

Konterschläge sind weitaus effektiver als Ziehschläge, nehmen dem Boot aber auch mehr Geschwindigkeit, da sie ähnlich wie ein Rückwärtsschlag ausgeführt werden und so eine Bremswirkung erzeugen.

Selten ist es auch für die beiden ganz vorne sitzenden Paddler von Vorteil, einen Ziehschlag zu benutzen. Vor allem wenn die beiden Steuerleute einen Stein übersehen haben, greift der Vordermann unterstützend ein, um das Boot schnell auf einen anderen Kurs zu bringen. Zudem brüllt er laut nach hinten "Achtung Stein!", um das Steuerteam zu warnen.

Der Ziehschlag

Der Ziehschlag läuft vom Schlag her und von den beanspruchten Muskelgruppen wie ein Vorwärtsschlag ab. Der Unterschied: Man zieht das Paddel nicht von vorne nach hinten durch, sondern seitlich zum Boot hin. Sie legen sich ganz weit aus dem Boot und tauchen das Paddel weit weg vom Boot ein. Dann ziehen Sie das Paddel zum Boot hin.

Ziehschlag (ce)

Das Paddelblatt ist parallel zum Boot, Vorwärtsschub wird also keineswegs erzeugt.

Eine wirkungsvolle Variante ist die Mischung aus Dreh- und Ziehschlag: Sie beginnen den Schlag wie bei einem Drehschlag. Wenn das Paddel so weit wie möglich weg vom Boot und auf Körperhöhe ist, drehen Sie das Blatt parallel zum Boot und ziehen es zu sich. Hier heißt es einfach üben, um das richtige Gefühl für einen effektiven Ziehschlag zu bekommen.

Ziehschlag (ce)

Der Konterschlag

Der Konterschlag entspricht eher dem Rückwärtsschlag und seinen beanspruchten Muskelgruppen. Sie setzen das Paddel hinten ganz nah am Boot ein, sowohl der Schaft als auch das Blatt des Paddels sind parallel zum Boot ausgerichtet, sodass erstmal kein Widerstand zu spüren ist. Dann drücken Sie das Paddel nach außen weg, indem Sie den oberen Arm nach innen in die Bootsmitte ziehen und den unteren Arm nach außen drücken.

Konterschlag (ce)

Für die Fortgeschrittenen ist noch das "Knippen" (📷 Seite 52) interessant, eine technische Variante des Konterschlags. Sie ist einzusetzen, wenn Sie das Boot nur ein wenig drehen und dabei möglichst wenig Geschwindigkeit verlieren wollen: Paddeln Sie im Takt mit den Vorderleuten, doch am Ende des Schlages nehmen Sie das Paddel nicht aus dem Wasser, sondern drehen Sie die nach vorne zeigende Paddelfläche nach außen und führen Sie einen ganz kleinen Konterschlag durch. Um den Schlag flüssig zu beherrschen, benötigen Sie einiges an Erfahrung und Gefühl, Knippen gehört zur hohen Kunst der Wettkampfteams.

Knippschlag vom rechten Steuermann: Er nimmt den Außenwulst des Rafts als Hebel, um den Paddelrücken leicht gegen die Strömung zu drücken, sodass das Boot nach links dreht ohne Geschwindigkeit zu verlieren. (ce)

II: Teamwork

Rafting ist ein Mannschaftssport, da hilft es nichts, wenn jeder für sich topfit ist, aber nicht alle an einem Strang ziehen. Und diese gemeinschaftliche Arbeit ist bei weitem keine unangenehme Pflicht. Nein, wenn das Team gut funktioniert, fühlt es sich bereichert und zufrieden. Gemeinsam umschifft man die größten Löcher und Walzen und jeder weiß am Ende ganz genau: "Ich habe einen beträchtlichen Teil dazu beigetragen!"

Jeder im Team ist gleichberechtigt und muss ernst genommen werden. Vor allem wenn das eine oder andere vorsichtigere Teammitglied einen schwierigen Katarakt nicht befahren möchte, sollte er oder sie ernst genommen werden. Eine Kette ist nur so stark wie ihr schwächstes Glied.

Einer gibt die Kommandos

Trotz Gleichberechtigung aller Meinungen wird es in jedem Team ein oder zwei Leute geben, die erfahrener sind als die anderen. Das sind dann meistens die Steuerleute, die die Kommandos geben und die Entscheidungen auf dem Fluss treffen, denn mitten im Katarakt ist für Diskussionen keine Zeit. Der Führer oder Guide ist zumeist auch der Trainer des Teams, er verbessert die Schläge und Kommandos seiner Kameraden, bis sie flüssig und technisch sauber sind. Sollte das ganze Team aus Anfängern bestehen, ist es auf jeden Fall ratsam, sich ab und zu einen erfahrenen Rafter zu den Trainingseinheiten zu holen, um ein souveränes Team zu werden, das nach und nach seine Ziele höher steckt.

Die Paddel-Kommandos

Von Steuermann hinten kommen die Kommandos. Ganz wichtig ist ein lautes und deutliches Kommando, besonders im Wildwasser. An besonders wilden Stellen habe ich selbst oft das Problem, dass ich so laut wie möglich brülle und die Vorderleute mich dennoch kaum hören. In diesem Fall müssen die Paddler in der Mitte das Kommando schnell weitergeben. Die Kommandos müssen möglichst schnell umgesetzt werden, ohne in Hektik zu geraten.

> Die einzelnen Kommandos lauten "**alle rückwärts**", "**alle vorwärts**", "**links rückwärts**", "**rechts rückwärts**", "**Pause**", "**hold on**", "**alle nach links**" und "**alle nach rechts**".

Zunächst die Kommandos zum Paddeln: "**Alle vorwärts**" bedarf keiner Erläuterung, ebenso "**alle rückwärts**". Bei "**links rückwärts**" und "**rechts rückwärts**" paddeln die an der genannten Seite Sitzenden rückwärts, während die anderen vorwärts paddeln, um die Drehung des Bootes möglichst schnell zu vollziehen. In den meisten Fällen werden die Steuerleute das Boot sowieso selbst drehen.

Nicht zu unterschätzen ist das Kommando "**Pause**" oder auch "**Stopp**". Es sollte stets benutzt werden, damit das Team sich daran gewöhnt und auch wirklich erst mit dem Paddeln aufhört, wenn die gewünschten Manöver vollzogen sind. Sonst kann es passieren, dass nach und nach einer nach dem anderen aufhört, weil er denkt, zu paddeln sei nicht mehr nötig, und das Boot kommt von der beabsichtigten Linie ab.

Das absolut Wichtigste beim Paddeln ist der Rhythmus. Alle Insassen müssen aus zwei Gründen gleichzeitig eintauchen, das Paddel durchziehen und wieder aus dem Wasser nehmen: Erstens läuft das Boot nur dann gerade und ruhig. Wenn der Rhythmus stimmt, macht das Raft bei jedem Eintauchen einen geraden Satz nach vorne, der für den Großteil des Vortriebs verantwortlich ist. Nur bei dieser Ruhe kann der Führer sauber steuern. Zweitens: Wie oben beschrieben ist der richtige Paddelschlag immer mit einem Vor- und Zurückbeugen des Rumpfes verbunden. Damit niemand auf seinen Vordermann stößt, müssen alle den Rumpf gleichzeitig nach vorne bewegen. Sie werden merken, wenn der Rhythmus einmal stimmt, ist es ein erhabenes Gefühl, wie das Boot sauber und schnell über das Wasser gleitet. Bis dahin heißt es üben, üben und nochmals üben.

Um den Takt gut hinzubekommen, sollte ein "taktvolles" Teammitglied damit beauftragt werden, bei jedem Eintauchen ein kurzes und deutliches "hopp" zu rufen. Am besten ist das einer der Vordermänner, da die beiden Vorderleute maßgeblich die hinter ihnen sitzenden mit ihrem Takt beeinflussen. Die beiden Vorderleute müssen ständig darauf achten, dass sie gleichzeitig ein- und austauchen. Dazu sollten sie des Öfteren dem Gegenüber aufs Paddel "schielen". Je wilder das Wasser ist, desto schwieriger lässt sich ein guter Takt einhalten. Denn wenn der eine ins Wellental greift, hat der andere vielleicht einen Wellenberg neben sich und gleichzeitig müssen alle mit dem Gleichgewicht kämpfen. Doch dummerweise ist gerade im Wildwasser ein sauberer Takt wichtig, denn nur mit viel Geschwindigkeit durchbricht man die "dicken Dinger". Dafür gibt es zwei Rezepte. Erstens: Halten Sie sich an den Takt, egal ob Sie ins Leere greifen oder nicht. Das zweite Rezept heißt üben!

Die drei Situationskommandos

"**Alle nach links**" und "**alle nach rechts**" heißt für die Mannschaft, sich auf eine Seite zu bewegen, um eine Gewichtsverlagerung zu erreichen (📷 Seite 30). Wie bereits erwähnt muss das Team sehr schnell reagieren und sich auf eine Seite werfen, damit das Boot nicht flippt, wenn es quer in einer Walze oder vor einem Stein hängen bleibt. Bei "alle nach links" zum Beispiel werfen sich alle rechts sitzenden Insassen zu ihren Partnern auf der linken Seite hinüber. Am besten werfen Sie sich mit dem Oberkörper direkt auf die Oberschenkel des Gegenübers, dann liegen Sie sicher und stabil unten in der Kammer und auch der Partner kann kaum aus dem Boot fallen, weil sein Bein fixiert ist.

✋ Passen Sie auf Ihren Paddelknauf auf, umschließen Sie ihn mit der Hand. Sie sollten in der Hektik auf keinen Fall vergessen, das Paddel möglichst fern vom Partner zu halten, nicht dass Sie das Paddel mit vollem Schwung mit zum Partner hinübernehmen und ihm so ein blaues Auge verpassen. Auch der Paddler auf der linken Seite sollte bei "alle nach links" sein Paddel schnell außerhalb des Boots positionieren, damit der heranspringende rechte Partner nicht mit dem Gesicht in der Faust oder auf dem Knauf landet.

Das letzte Kommando "**hold on**!" heißt: Gleich kracht es, also alle festhalten. Ich ziehe "hold on" dem deutschen "festhalten" vor, weil es kürzer ist und dunkle Vokale lauter und somit besser hörbar sind. Wenn das Kommando ertönt, macht jeder drei Dinge. Erstens rutscht er mit dem Körperschwerpunkt ein Stück in die Mitte des Bootes, zweitens hält er sich mit einer Hand an einem Griff oder an einem Seil im Inneren fest (notfalls auch an der Außenleine), drittens streckt er den verletzungsgefährlichen Paddelknauf nach außen, sodass dieser bei einem Stoß niemanden im Gesicht trifft.

Hold on! Festhalten! (ce)

Wie "alle nach links" und "alle nach rechts" hat auch "hold on" etwas mit Walzen oder Felsen zu tun. Kurz bevor das Boot gegen den Felsen fährt oder in die Walze fällt, schreit der Führer das Kommando. "Hold on" kommt also vor dem Aufprall, "alle nach links" und "alle nach rechts" erst danach. Doch wieso muss das Kommando "hold on" so hektisch sein, warum darf sich das Team nicht einfach 20 m vor der Walze festhalten und Zeit dazu lassen? Der Grund ist, dass das Boot mit möglichst viel Geschwindigkeit durch die Walze fahren sollte, um nicht festgehalten zu werden. Wenn "hold on" zu früh ausgeführt wird, verliert das Boot Geschwindigkeit und treibt langsam ohne Schwung in das Hindernis hinein, das dann damit macht was es möchte.

III: Planung und Befahrung

Tipps für die richtige Befahrung eines Flussabschnitts befinden sich an vielen Stellen des Buches. In diesem Kapitel finden Sie wichtige Grundsätze, mit denen Sie an die ersten einfachen Wildwasserstücke herangehen können, falls kein erfahrener Raftguide zur Stelle ist. Die Aufzählung dieser Prinzipien kann nie ganz vollständig sein, da jeder Fluss und jeder Wasserstand auf dem Fluss anders ist. "Niemand steigt zweimal in denselben Fluss", hatte schon Heraklit erkannt.

Besichtigen und Festlegen der Linie

Ob Sie einen Abschnitt sicher befahren hängt zum Großteil davon ab, ob Sie die Strecke gut besichtigt und sich für eine Linie entschieden haben, die Sie auch bewältigen können. Stellen Sie sich an den Fluss und lassen Sie sich viel Zeit beim Einprägen der Linie und der wichtigen Wellen (📷 Seite 27 "Naturslalom"). Der schlimmste Schwimmer meines Lebens ist mir passiert, als ich mit dem Kajak auf dem Nevis Bluff in Neuseeland, einem Flussabschnitt mit riesigen Wellen, meine Position nicht mehr genau kannte, ein paar Meter von der Optimallinie abkam und mich auf einmal in einem Loch mit ebenfalls recht imponierender Größe wiederfand. Die Lektion aus diesem Waschgang habe ich gelernt.

Bedenken Sie, dass auf dem Wasser alles anders aussieht als von außerhalb: Vom Ufer aus haben Sie wegen des höheren Standpunktes eine gute Übersicht, im Wasser nicht mehr. Merken Sie sich deshalb markante Punkte wie eine hohe Welle oder einen charakteristischen Felsen: "Ungefähr 3 m links von diesem Felsen, die Spitze nach rechts gestellt."

Beim Festlegen der Linie arbeitet am besten das ganze Team mit. So könnte eine Besprechung lauten: "Wenn wir an dieser Welle sind, macht die ganze linke Seite einen Rückwärtsschlag, um die Kiste auf dem Punkt zu drehen. Dann macht das gesamte Team fünf bis sechs Schläge gemeinsam, um Geschwindigkeit aufzubauen. Durch die folgenden Wellen greifen die vier Vorderleute mit kräftigen Schlägen über den Wellenkamm, während die Steuerleute darauf achten, dass wir auf der Linie bleiben."

Sehen Sie den Fluss immer als Ganzes. Er unterteilt sich in Abschnitte, die klar dadurch voneinander getrennt sind, dass man zwischen ihnen genügend Zeit hat, ein Boot zurückzuflippen, alle einzusammeln oder mit dem ganzen Team an den Rand zu schwimmen, falls etwas Gravierenderes passiert ist.

Legen Sie sich auf jeden Fall die Linie für den gesamten Abschnitt zurecht, bis Sie absolut sicher wieder an den Rand kommen können. Das ist garantiert nicht einfach und kann je nach Flusscharakter stark variieren. Auf einem Fluss wie dem Zambesi kann man nur deshalb so unglaublich massive Wellen befahren, weil nach den großen Rapids das angenehm warme Wasser jedes Mal fast steht und alle gemütlich eingesammelt werden können. Auf einem Fluss wie der Ötztaler Ache fließt das Wasser die ganze Strecke über so schnell, dass ein Flip die Crew komplett verstreut und eventuell manche mehrere Kilometer lang durch eiskaltes, turbulentes Wildwasser treiben. Deshalb flippen Sie auf der Zambesi-Tour um die acht Mal pro Tour, auf der Ötztaler Ache im Normalfall gar nicht.

Legen Sie sich eine Linie fest, die Sie auch bewältigen können, wenn etwas schief geht. Wenn Sie alles geben müssen, um auf der Optimallinie zu bleiben, haben Sie sich vermutlich zu viel vorgenommen.

> Wie Sie sich die Route zurechtlegen:
> - Beobachten Sie genau, wohin das Wasser fließt und welchen Nutzen Sie daraus ziehen können. Welche Strömung fließt wohin, welche möchten Sie benutzen, wie kommen Sie zu dieser Strömung und wie bleiben Sie in ihr?
> - Wo sind Hindernisse und Gefahrenzonen? Welche können Sie weiträumig umfahren, welche knapp und durch welche müssen Sie auf jeden Fall hindurch? Wohin sollte das Boot auf keinen Fall geraten, wohin sollte ein Mann über Bord schwimmen?
> - Wie muss gepaddelt werden, um auf der Linie zu bleiben? Gibt es Kehrwässer, in denen Sie anhalten oder drehen möchten, gibt es Wellen, auf denen Sie drehen möchten?

Dieser Ablauf wiederholt sich während einer Fahrt ständig, am Anfang in einzelne Schritte aufgeteilt, später jedoch automatisch, schnell und routiniert. Oft kommen ständig neue Informationen über die aktuelle Situation hinzu, wodurch sich die Linie oder das geplante Verhalten wieder ändern kann. Sie ändern zum Beispiel Ihre Linie, wenn jemand ins Wasser gefallen ist oder wenn eine Welle Ihr Boot zwei Meter weiter als geplant zur Seite versetzt.

Einige generelle Hinweise zur Route:

▷ Arbeiten Sie mit dem Wasser und nutzen Sie die Strömung elegant für sich. Der Kampf gegen das Wasser ist aussichtslos.

▷ Meistens ist die Hauptströmung die sicherste Variante, da die Wasserwucht hier schon einen Weg ohne viele Hindernisse geebnet hat. Das hat den Nachteil, dass in der Hauptströmung oft die großen Brecher und Löcher warten. Auf Nebenwegen kommen Sie zwar um die großen Löcher herum, oft ist es aber sehr steinig und bedarf vieler anstrengender Steuermanöver, um den Zickzack-Weg durch die Nebengassen einzuhalten.

▷ Vom Autofahren her wissen Sie: Früh in die Kurve einlenken - Weg und Kraft sparen. Wenn Sie in eine Innenkurve fahren, machen Sie zwei Schläge ganz früh und sparen sich so 20 Schläge weiter unten, um nicht in die Außenkurve gedrängt zu werden. Holen Sie rechtzeitig und weit aus, lenken Sie früh in die Kurve ein. Dadurch gewinnen Sie noch ein Zeitpolster und können sich früher mit den folgenden Metern beschäftigen.

▷ Wenn Sie eine Kurve oder um Hindernisse herumfahren wollen: Drehen Sie zuerst das Boot und fahren Sie dann erst los. Wichtig ist es, das Boot immer zu überdrehen. Wenn 20 m vor Ihnen ein Fels ist und Sie in der Strömung rechts am Felsen vorbei wollen, stellen Sie das Boot nicht nur ein bisschen nach rechts, sondern drehen Sie es viel stärker als eigentlich nötig quer zur Strömung und fahren Sie dann in die Strömung hinein. Denn wenn Ihre Spitze in die Strömung kommt, wird sie sofort in Flussrichtung nach unten gedrückt.

▷ Fahren Sie durch Walzen, Löcher und große Wellen immer längs durch, also mit der Spitze gerade voraus. Dann hat das Boot weniger Angriffsfläche und Sie liegen stabil im Wasser. Das ist auch ein weiterer Grund für das gerade genannte frühe Drehen: Fahren Sie früh in die Kurve, damit Sie das Boot auch wieder früher nach unten stellen und die Hindernisse sauber durchbrechen können.

▷ Je mehr Geschwindigkeit Sie haben, desto mehr Durchschlagskraft haben Sie. Je größer das Loch oder die Walze ist, desto mehr Geschwindigkeit benötigen Sie. Physikalisch gesehen arbeiten beim Befahren einer großen Welle zwei Kräfte gegeneinander: Das Bewegungsmoment (Ihr Schwung) und die Erdanziehungskraft, genauer gesagt die Hangabtriebskraft. Den Schwung bekommen Sie von Ihren Paddelschlägen und der Strömung, in der Sie sich befinden. Die Hangabtriebskraft wird stärker, je höher Sie auf der Welle sind. Wenn die Hangabtriebskraft Sie vollkommen abgebremst hat, bevor Ihr Schwerpunkt hinter der Wellenspitze liegt, surfen Sie rückwärts die Welle hinunter und das von hinten auf Ihr Boot schießende Wasser droht Sie umzuwerfen. Wenn Sie einmal von einer Welle oder Walze so gebremst werden, dass Sie nicht hindurchkommen, werfen Sie sich wie beim Kommando "alle nach links/rechts" beschrieben sofort auf die Seite, die talabwärts zeigt, damit die obere Kante entlastet wird. Auf der Ötztaler Ache gibt es die berühmte "Constructa", benannt nach einer bekannten Waschmaschinenfirma. Die Constructa besteht aus drei dicht hintereinanderliegenden Walzen, von denen jede alleine leicht zu durchfahren wäre. Doch so dicht hintereinander nehmen die ersten beiden Walzen dem Boot seinen Schwung. Das Boot treibt langsam durch die dritte Walze und neigt zu einem "kleinen Überschlag".

▷ Lernen Sie die richtigen Winkelstellungen kennen. Je spitzer Sie zur Strömung stehen, desto weniger Angriffsfläche bietet Ihr Boot. Das ist unbedeutend, so lange Sie so schnell wie die Strömung sind. Wenn Sie aber aus einem Kehrwasser oder einer langsameren Nebenströmung in die Hauptströmung hineinfahren und diese Ihr Boot mit voller Wucht trifft, stellen Sie das Boot möglichst spitz zur Strömung, damit es stabil bleibt und nicht umkippt.

▷ Wenn Sie das Wasser für sich arbeiten lassen wollen: Stellen Sie bei einfacheren Streckenabschnitten die Spitze leicht Richtung Flussmitte - etwa in einem 30°-Winkel. Dann klatschen die Wellen an die schräg gestellte Außenkante und treiben Sie so in Richtung Flussmitte. Das funktioniert nur bei leichten Kurven, bei scharfen Biegungen müssen Sie paddeln.

- Arbeiten Sie mit Kehrwässern. Zum einen um sich auszuruhen und zum anderen um zu drehen. Bevor Sie eine Kurve gerade noch kratzen und haarscharf einen Felsen verpassen, schauen Sie lieber, ob im Verlauf der Kurve nicht ein Kehrwasser liegt, in das Sie eindrehen können. Das ermöglicht Ihnen eine Verschnaufpause, Sie können in Ruhe den weiteren Teil überblicken und vom Kehrwasser aus mit hochgestellter Spitze sauber den Fluss queren.
- Das Überqueren der Grenze zwischen Kehrwasser und Strömung bedarf vieler Übungseinheiten. Je stärker die Strömung und somit der Geschwindigkeitsunterschied der Wassermassen ist, desto stärker ist die Grenze. Dabei können große und kräftige Wirbel entstehen. Sie müssen den Winkel beim Durchbrechen der Grenze genau einstellen, Sie benötigen viel Geschwindigkeit und die Steuerleute müssen ihre ganze Kraft einsetzen, damit die Spitze nicht sofort dreht.
- Suchen Sie sich eine Route aus, die Ihnen nicht alles abverlangt, sonst können unerwartete Ereignisse Sie in arge Bedrängnis bringen. Wenn Sie einen Fluss häufiger befahren, steigern Sie Ihr Können und probieren Sie verschiedene Linien durch denselben Abschnitt aus.

IV Rafting als Wettkampfsport

Es gibt einen Prüfstein für Ihr Können im Rafting. Wenn Sie sich einmal in den Sport eingelebt haben, nehmen Sie doch an einem Rafting-Wettkampf teil. Hier können Sie noch viel lernen über Feinabstimmung und Effizienz eines Rafting-Teams. Beobachten Sie, wie die besten Teams ihren Vorsprung herausfahren: Mit technischer Sauberkeit und konditionell auf höchstem Niveau. Die Wettkampf-Gemeinde ist nicht allzu groß und so werden Sie bei jedem Wettkampf mit offenen Armen empfangen.

Bei Wettkämpfen nehmen die Paddler oft eine etwas andere Sitzhaltung ein: Der hintere Fuß wird dann weit nach hinten abgewinkelt, um noch besseren Halt und um ein besseres Gegengewicht im Boot zu haben, wenn man sich beim Einsetzen des Paddels weit nach vorne aus dem Boot legt. Diese Sitzhaltung führt allerdings nach nicht allzu langer Zeit zu Schmerzen in der Hüfte.

Nationale Wettkämpfe werden in Teams zu vier oder sechs Personen ausgetragen, die wichtigsten internationalen Wettkämpfe mit sechs Personen in einem Boot. Ein Rafting-Wettkampf besteht normalerweise aus vier Disziplinen, drei davon bringen Punkte für die Gesamtwertung: Das Zeitfahren ohne Punktvergabe (time trial), der Kopf an Kopf Sprint (head to head), der Slalom und die Abfahrt (downriver). Wer alle drei Disziplinen gewinnt, siegt in der Gesamtwertung mit 1.000 Punkten. Je nach Veranstaltung gibt es manchmal nur zwei oder sogar nur eine Disziplin, zum Beispiel wenn die Wasserstände zu tief sind oder keine Infrastruktur für das Aufhängen von Slalomstangen vorhanden ist.

▷ Zeitfahren: Das Zeitfahren dient nur der Erstellung einer Reihenfolge für das Kopf-an-Kopf-Rennen. Jedes Team muss eine Strecke zwischen einer und drei Minuten schnellstmöglich durchfahren, danach wird anhand der Fahrzeit eine Rangliste erstellt.

▷ Kopf an Kopf (300 Punkte): Die ersten 16 Teams aus dem Zeitfahren nehmen im K.O.-Modus gegeneinander teil. Platz 1 aus dem Zeitfahren tritt gegen Platz 9 an, Platz 2 gegen Platz 10 und so weiter. Diese Disziplin ist die spektakulärste: Die beiden Kontrahenten starten gleichzeitig auf gleicher Höhe, genau nebeneinander. Jeder Fluss hat eine schnellste Optimallinie; auf die wollen beide Boote gelangen, sodass es fast immer zu einem Zusammenstoß kommt.

▷ Slalom (300 Punkte): Das Slalomrennen läuft ähnlich wie im Kanu- oder Ski-Slalom ab. Auf einem technisch interessanten Flussabschnitt hängen grün-weiße und rot-weiße Tore. Die grün-weißen Tore befährt man in Flussrichtung, die rot-weißen gegen die Strömungsrichtung (📷 Seite 62). Es werden zwei Läufe von etwa 2 Min. lang gefahren, der bessere Lauf wird gewertet. Für jede Torstabberührung werden fünf Strafsekunden zur Fahrzeit addiert, für jedes nicht befahrene Tor 50 Sek. Hier zeigen sich deutlich die technischen Fähigkeiten eines Teams und durch Slalomtraining werden alle wildwassertechnisch wichtigen Fähigkeiten wie das zielgenaue Befahren eines Aufwärtstores trainiert.

▷ Abfahrt (400 Punkte) - der Wettkampfklassiker (📷 Seite 63). Nach dem bisherigen Stand des Wettkampfes werden die Teams in Gruppen zu acht Booten aufgeteilt, es starten Platz 1 bis 8, 9 bis 16 und so weiter. Nach dem Massenstart verfolgen sich die Teams über einen langen Flussabschnitt zwischen 20 und 90 Min. Bei einem technisch anspruchsvollen Fluss ist diese Disziplin eine wahre Freude, da man leicht Fehler macht und die Teams sich öfters gegenseitig überholen.

Slalom

Punktgenaue Befahrung eines Aufwärtstores beim Slalom. (ce)

Diese Technik ist auch im freien Wildwasser entscheidend, wenn Sie ein Kehrwasser sicher treffen wollen. (ce)

Abfahrt

Massenstart beim Abfahrtsrennen. Bei einfachen Strecken entscheidet oft der Start, bei schwierigen Strecken kann dagegen bis zum Ziel noch viel geschehen. (ce)

Lustige Helme! (ce)

Rafting ist eine Risikosportart, aber das Risiko ist kalkulierbar. Gefährlich ist ein Wehr mit starkem Rücklauf nur, wenn man es befährt! Beim Umtragen können Sie sich allenfalls den Fuß verstauchen. Mögliche Gefahren sind kontrollierbar, unvorhersehbare Felsstürze wie etwa beim Klettern passieren im Wildwasser nur bei extremem Hochwasser, und dann ist bestimmt keiner auf dem Fluss. Das Wichtigste beim Rafting ist: Man braucht Erfahrung, um eine Stelle bzw. einen Fluss richtig einschätzen zu können. Je mehr Erfahrungen Sie sammeln, desto sicherer sind Sie anschließend unterwegs. Bei bezahlten kommerziellen Trips fragen viele Gäste nach der Gefahr beim Rafting. Die Antwort der Führer lautet dann: "Das gefährlichste ist die Autofahrt zum Einstieg."

Das Buch kann Ihnen eines nicht abnehmen: Übung. Wenn Sie mehr wollen als nur ab und zu eine bezahlte Fahrt mit einem professionellen Guide zu unternehmen, dann müssen Sie selbst Erfahrungen sammeln. Das braucht viel Zeit, die Sie sich unbedingt nehmen sollten. Gerade im Wildwasser lernt man nie aus. Egal wie lange man schon dabei ist, immer wieder gibt es neue Situationen und Katarakte, bei denen man über die optimale Linie und über verborgene Gefahrenquellen streiten kann.

Befahren Sie nie einen Fluss, auf dem Sie sich nicht sicher über die Fahrlinie sind. Lernen Sie die Kraft des Wassers kennen, bereiten Sie einen Raft-Trip gut vor, bekommen Sie ein Auge fürs Wildwasser, stellen Sie sich ein gutes Team zusammen und machen Sie nach und nach Ihre Erfahrungen. Es wird sich nicht vermeiden lassen, ab und zu ins Wasser zu plumpsen, wenn Sie besser werden wollen.

Schwierigkeits-Skala für das Wildwasser

Wie beim Klettern gibt es auch für Flüsse eine Skala der Schwierigkeitsstufen. Diese Skala gilt für Rafter wie für Kajakfahrer. Literatur über Flüsse finden Sie im Kanubereich um ein Vielfaches häufiger als im Rafting-Bereich. Wenn Sie Literatur aus dem Kajak-Bereich für die Planung des nächsten Ausflugs heranziehen, denken Sie daran: Ein Kajak ist viel schmaler und wendiger als ein Raft.

Die Skala für Wildflüsse ist zwar ein wichtiger Anhaltspunkt, aber immer mit Vorsicht zu genießen. Es gibt einige Kriterien, die die Einstufung eines Flusses verfälschen können:

▷ Der Wasserstand ist mit Abstand die schwierigste Variable. Auf ein und demselben Fluss kann die Schwierigkeit bei Niedrig- und bei Hochwasser so stark schwanken wie zwischen einem See und den Niagarafällen. Achten Sie also immer auf die Angabe von Pegelwerten bei einer Flussbeschreibung.

▷ Der Autor des Flussführers ist auch nur ein Mensch, alles Erlebte ist subjektiv. Das kann dazu führen das ein relativ unerfahrener Autor einen Fluss viel schwieriger einstuft als ein echter Wildwasser-Crack. Hinzu kommt das Paddler-Latein: Im Nachhinein, vor allem am Lagerfeuer, werden Wellen leicht doppelt so hoch und Löcher doppelt so gefährlich wie in der Realität.

▷ Ganz wichtig: Die Gefahr, die von einem Fluss ausgeht, ist im Boot anders zu beurteilen als ohne Boot. Das heißt wenn Sie im Raft bleiben, mag ein Flussabschnitt sehr leicht zu befahren sein. Wenn derselbe Fluss jedoch stark unterspülte Stellen oder Siphons hat und ein Teammitglied ins Wasser fällt, dann steigt die Gefahr um ein Vielfaches an. Denn aus unterspülten Wänden und Siphons gibt es oftmals für einen Schwimmer kein Entkommen. Der Schwimmer ist mit dem Großteil seines Körpers unter der Wasseroberfläche und wird leicht in diese Unterströmungen hineingezogen, das Raft dagegen ist immer über der Oberfläche und kommt mit diesen Gefahrenpunkten gar nicht in Berührung.

Seien Sie also grundsätzlich skeptisch, wenn Sie außer einer Kategorisierung nach der Wildwasser-Skala keine weiteren Informationen über einen Fluss haben.

Achten Sie auf die folgenden Punkte:

▷ Wie viel Gefälle hat der Fluss? Wird das Gefälle an einigen wenigen Stücken abgebaut oder kontinuierlich über die gesamte Strecke? Gibt es ruhige Zwischenstücke oder große Pools, in denen das Boot im Falle einer Kenterung zurückgeflippt und alle Mann wieder eingesammelt werden können?

- Wie viel Volumen hat der Fluss? Führt er so viel Wasser wie zum Zeitpunkt der Flussbeschreibung oder hat er mehr Wasser, wodurch die Befahrung schwieriger wird?
- Ist die Beschreibung schon sehr alt? Wenn sie schon einige Jahre her ist, kann sich der Fluss seitdem stark verändert haben (abhängig von der Gesteinsart des Flussbettes oder nach einem Hochwasser).
- Wie ist die Wettervorhersage? Ist Regen und somit ein Anstieg des Flusses zu erwarten?
- Wie ist die Beschaffenheit des Ufers? Führt der Fluss vielleicht durch eine Schlucht oder eine Klamm, aus der es keinen Ausweg gibt? Oder liegt er neben einer Straße und kann leicht zu ihr hin verlassen werden, um die Fahrt abzubrechen oder Hilfe zu holen?
- Wie ist die Wassertemperatur? Kann ich notfalls länger schwimmen oder befahre ich einen Gletscherfluss, dessen Kälte meine Muskeln innerhalb weniger Minuten lähmen kann?

Wenn Sie die oben genannten Punkte berücksichtigen, können Sie aus einer Flussbeschreibung und der internationalen Wildwasser-Skala eine Menge Informationen bekommen. Die Wildwasser-Skala reicht von I bis VI:

- Stufe I: Unschwierig, auch für absolute Anfänger geeignet. Ruhig fließendes Wasser mit wenigen, kleinen und regelmäßigen Wellen. Hindernisse sind gar nicht oder kaum vorhanden, ein Kentern hat keine schlimmeren Folgen.
- Stufe II: Mäßig schwierig. Leichte Stromschnellen mit maximal 1m hohen Wellen und weiten, offenen Durchfahrten. Kann ohne vorheriges Besichtigen befahren werden. Grundkenntnisse der Wildwassertechnik sind vorausgesetzt, einige Manöver bei leichteren Hindernissen sind nötig. Umgang mit Sicherheitstechnik und richtiges Pegellesen sind ebenfalls nötig.
- Stufe III: Schwierig. Erfahrung und Sicherheit im Wildwasser sind Voraussetzung. Katarakte mit hohen, unregelmäßigen Wellen, schmalen Durchfahrten und Hindernissen, die ein Boot zum Kentern bringen können. Erkundungen sind teilweise nötig.
- Stufe IV: Sehr schwierig. Gute Wildwassertechnik, Sicherheitstechnik und Kondition sind ein absolutes Muss. Erfahrung und Wissen über

Wildwasser sind ebenfalls für alle Crew-Mitglieder Pflicht. Lange, schwierige Katarakte mit großen Hindernissen. Trotz turbulenten Wildwassers müssen präzise Manöver gefahren werden. Auskundschaften von Land aus oft dringend nötig, Rettungsaktionen gestalten sich als äußerst schwierig.

▷ Stufe V: Äußerst schwierig. Nur für Experten-Teams, Erkundung unerlässlich. Stark turbulentes Wildwasser mit großen Hindernissen und vielen Strömungsänderungen über lange Strecken und ohne Pause. Schwimmen ist lebensgefährlich.

▷ Stufe VI: Grenze der Befahrbarkeit. Lebensgefährlich. Nur für absolute Experten.

Die Stufe VI ist wie in allen Extremsportarten eine "schwimmende Grenze", die ständig nach oben verschoben wird. In diesen Bereich fällt alles, was fast unfahrbar bis absolut unfahrbar ist. Das heißt auf der einen Seite ein Katarakt, der von absoluten Profis mit hoher Wahrscheinlichkeit befahren werden kann, und auf der anderen Seite die Niagarafälle, die dem Leben eines jeden Paddlers sehr wahrscheinlich ein Ende bereiten würden. Ständig stürzen sich ein paar halbverrückte Freaks aus verschiedensten Gründen neue Gefälle herunter, um sich mit einer Erstbefahrung zu rühmen. Ob das intelligent ist, ist eine andere Frage. Lassen Sie sich nicht vom falschen Ehrgeiz packen oder von einer allzu übermütigen Laune. Denn eines haben alle Flüsse der Klasse VI gemeinsam: Wer hier schwimmt, hat gute Chancen zu ertrinken.

Bei dieser Klassifizierung rate ich allen Lesern: Denken Sie immer daran, dass sich ein Kajakfahrer mit einer Eskimorolle wieder an die Oberfläche bringen kann und dass er dann noch im Boot sitzt und manövrierfähig ist. Beim Rafting ist ein Flippen des Bootes immer mit Schwimmen verbunden. Natürlich nimmt auch ein Kajakfahrer ab und zu ein unfreiwilliges Bad, doch in 95 % der Fälle rollt er wieder hoch. Demnach ist Wildwasser der Klasse VI mit dem Raft zu befahren meines Erachtens eine grobe Fahrlässigkeit.

Ein weiterer Punkt ist: Ein Kajakfahrer macht eine schnelle Entscheidung nur mit sich aus. Im Team dagegen muss erst einmal kommuniziert werden, ob und wie man links oder rechts vom Felsen entlangfährt. Aber wenn Sie erst einmal so gut sind, dass Sie Wildwasser IV sicher beherrschen, brauchen Sie die Weisheiten dieses Buches sowieso nicht mehr und treffen Ihre Entscheidungen aufgrund Ihrer eigenen Erfahrung.

Die Mannschaft

Von der gesamten Mannschaft hängt es ab, ob Ihr Trip zum traumhaft schönen Ausflug oder zum Erlebnis der eher unerwünschten Art wird. Nicht nur die ganz hinten sitzenden Steuerleute sollten sich im Wildwasser auskennen, auch der "Maschinenraum" mit den Vorderleuten sollte erfahrene und konditionell fitte Paddler aufweisen. Denn falls etwas Unerwartetes passiert, sollten Sie Ihre Kameraden und deren Reaktionen einschätzen können. Wenn Sie sich nicht sicher sind, ob Ihr Team schon gut genug für einen Flussabschnitt ist, organisieren Sie sich doch für die erste Fahrt einen erfahrenen und professionellen Führer, der mit Ihnen die Strecke befährt.

Generell ist es eine tolle Erfahrung, mit einem guten Team eine anspruchsvolle Rafting-Tour zu unternehmen. Gemeinsam Erlebtes ist oftmals befriedigender als individuelle Leistungen. Gerade Einzelsportler, Manager oder auf ihre Selbstständigkeit bedachte Menschen kennen dieses gute Gefühl kaum.

Natürlich muss man das richtige Verhalten in Extremsituationen in einer Gruppe erst erlernen. In jeder Gruppe gilt: Was erwarte ich von den anderen, was erwarten sie von mir? In der Berufswelt gibt es diese Teamarbeit zwar auch, aber sie ist bei Weitem nicht so elementar: Erstens ertrinkt keiner, wenn man nicht zusammenarbeitet. Zweitens kann eine Deadline verschoben werden im Gegensatz zu einem riesigen Loch, das das Boot in 12 Sek. umwerfen wird, wenn die Mannschaft nicht ganz schnell gemeinsam dreht und nach rechts paddelt.

Falls es zu einem Problem kommt, bei dem die Lösung nicht sofort klar vor Augen liegt, fragen Sie nicht "Wie sind wir in diese Situation gekommen?" und "Wer hat schuld daran?". Fragen Sie "Wie kommen wir hier wieder raus?", "Wo müssen wir hin?" und "Was ist in welcher Reihenfolge zu tun?".

Erste Hilfe

Wie im Straßenverkehr ist auch im Wildwasser die Kenntnis von Erste-Hilfe-Maßnahmen unverzichtbar. Im Wildwasser sind Sie oft weit vom nächsten Ort der Zivilisation entfernt, sodass Sie auch trotz Handy längere Wartezeiten auf den Rettungsdienst in Kauf nehmen müssen - falls das Handy überhaupt ein Netz findet. Wer sich auf eine tagelange Tour weitab von jeglicher Zivilisation vorbereitet, wird auf jeden Fall Navigationsgerät und vielleicht ein Satellitenfunkgerät mitnehmen. Für die normale Tour in den Alpen reichen genügend Erste-Hilfe-Material und ein Handy in einer wasserdichten Box normalerweise aus.

☺ Da es im Notfall leicht hektisch wird, drucken Sie sich aus dem Internet eine Kurzform der lebensrettenden Maßnahmen aus, schweißen Sie sie in Folie ein und nehmen Sie sie immer auf den Fluss mit - samt Notrufnummern des betreffenden Landes.

Im Folgenden werden mögliche lebensgefährliche Verletzungen beim Rafting aufgeführt und wie man sie behandelt. Kleinere Verletzungen wie Kratzer, Hautabschürfungen oder blaue Flecken werden sich nie ganz vermeiden lassen, finden hier aber keine weitere Erwähnung.

Unterkühlung

Eine Unterkühlung kann nicht nur bei kaltem Wetter auftreten, auch im Hochsommer ist die Unterkühlung eine ernstzunehmende Variable, die vor allem an Gletscherbächen nicht ungefährlich ist. Die meisten Todesfälle treten bei einer Außentemperatur von 5 °C bis 10 °C auf. Wenn der Körper zu lange einer kalten Umgebung ausgesetzt ist und dazu noch viel Energie durch Bewegung verliert, sinkt seine Temperatur unter den Normalwert. Die Folgen: Das Blut zieht sich aus den Extremitäten zurück, Bewegungen werden schwer und unkontrolliert, der Paddler zittert und hat Mühe zu sprechen. In weiterer Folge drohen Bewusstlosigkeit und Tod.

Weitere Anzeichen sind erhöhter Puls, schnelle Atmung und blasse oder bläulich gefärbte Haut. Wenn Sie die Anzeichen früh genug erkennen, verlassen Sie den Fluss, erwärmen Sie die Person langsam mit einem Feuer und trockener, warmer Kleidung. Warme gezuckerte Getränke verabreichen, auf keinen Fall Alkohol oder Kaffee. Bei Bewusstlosigkeit den Notruf absetzen, die betroffene Person muss ins Krankenhaus.

Einer Unterkühlung können Sie sehr gut vorbeugen: Tragen Sie im Rafting-Urlaub auch außerhalb des Rafts warme Kleidung und Schuhe. Auf dem Wasser ist ein dicht anliegender Neopren-Anzug Pflicht. Die Luxusvariante ist ein guter Trockenanzug und viel warme Sportwäsche darunter, dann ist das Wildwasser-Leben auch noch bei -5 °C eine heiße Sache. Sehr viel Energie verliert der Körper über den Kopf, besorgen Sie sich für längere Fahrten unbedingt eine Neopren-Haube, vielleicht sogar eine Taucher-Haube. Vermeiden Sie eine Unterkühlung von vornherein, indem Sie keinen Alkohol vor der Fahrt trinken. Der Alkohol öffnet die Poren, das Blut rauscht verstärkt durch die Extremitäten und kühlt stark ab, besonders wenn Sie ins Wasser fallen. Außerdem sind die Bewegungen unter Alkoholeinfluss unkoordinierter, das Boot verliert an Leistung.

Ertrinken
Beim Ertrinken erstickt der Mensch durch fehlende Luftzufuhr in der Lunge. Nach 3 Min. ohne Sauerstoff wird es lebensgefährlich und das Gehirn nimmt bleibenden Schaden. Das Wasser muss beim Ertrinken gar nicht in die Lunge kommen, beim Menschen wird das Atmen unter Wasser automatisch blockiert. Da im Wasser immer die Gefahr des Ertrinkens besteht, sind Schwimmwesten und ausreichende Sicherheitsmaßnahmen grundsätzlich Pflicht, ob auf dem Chiemsee oder bei Ihrer Erstbefahrung der Niagarafälle. Sollten Sie tatsächlich einmal in einer tragischen Situation sein, bei der ein Kamerad so sehr unterkühlt oder unter Wasser gedrückt wird, dass der Herzschlag aussetzt, ist eine gute Kenntnis der Herz-Lungen-Wiederbelebung unabdingbar. Doch zuerst: Notruf absetzen!

Herz-Lungen-Wiederbelebung
Die Herz-Lungen-Wiederbelebung sollte jeder Mensch beherrschen. Ein Wissen "so oder ähnlich könnte es vor 15 Jahren im Kurs gewesen sein" nützt Ihnen wenig. Wichtige Stichpunkte sind die stabile Seitenlage, die Schocklage und eine Kenntnis des richtigen Vorgehens, wenn andere in Panik geraten.

Bleiben Sie im Ernstfall ruhig, erkennen Sie die Probleme und Lösungswege und handeln dann schnell aber ruhig.

Zunächst müssen alle Personen von Gefahrenstellen weggebracht werden, ob verletzt oder unverletzt. Wenn Sie mit mehreren Personen unterwegs sind, wie das beim Raften der Fall ist, übernimmt jeder eine Aufgabe: Notruf absetzen, Lebenszeichen kontrollieren und danach handeln: Bei Bewusstlosigkeit, aber mit Atmung und Pulsschlag bringen Sie das Opfer in eine stabile Seitenlage mit Überstreckung des Kopfes, nachdem Sie den Mundraum von eventuellen Objekten (Erbrochenes, Kaugummi usw.) befreit haben.

Zeigt das Opfer keine Lebenszeichen wie Atmung oder Puls, müssen Sie bis zum Wiedererlangen der Lebenszeichen oder bis zum Eintreffen des Rettungsdienstes Herz-Lungen-Wiederbelebung betreiben: Entweder abwechselnd 30 Stöße und zweimal Beatmen oder ständige Herzmassage.

Sicherheitsausrüstung

Mittlerweile gibt es dank der Materialwissenschaften und der vielen Wildwasserpioniere Ausrüstungsteile, die Gefahren erheblich minimieren:

▷ Der Helm ist absolute Pflicht. Durch gute Helme wird der Kopf geschützt und warm gehalten. Mit einem gut sitzenden und bei Erschütterungen nicht verrutschenden Helm schließen Sie nicht nur Bewusstlosigkeit durch Felskontakt aus, sondern auch Kopfwunden der andern Passagiere, durch Paddelknäufe oder durch andere im Boot umherfliegende Ausrüstungsgegenstände.

▷ Ebenso gibt es auch bei Schwimmwesten keine Diskussion. Besorgen Sie sich eine gute und eng anliegende Schwimmweste mit genügend Auftrieb und aus robustem Material. Verzurren Sie sie immer fest am Körper, damit sie Ihnen z.B. bei Bewusstlosigkeit nicht über den Kopf rutscht.

▷ Gute und fest anliegende Schuhe, am besten aus Neopren mit rutschfester und stabiler Sohle, gehören auch zum Rüstzeug. Sie können auch normale Sportschuhe und darunter Neoprensocken tragen, wenn Sie damit noch in die Fußschlaufen kommen. Sportschuhe allein sind zu kalt und reiben die Haut auf, wenn sie nass sind.

- Gegen Kälte braucht der Rafter einen Neopren- oder Trockenanzug! Um Neoprenanzüge drehen sich viele Paddlergespräche meist humorvoller Art. Denn auf der einen Seite gibt es kaum grausamere Gefühle als bei 2 °C in einen kalten, nassen Neoprenanzug zu steigen und seinen besonderen "Duft" den ganzen Tag mit sich zu tragen, auf der anderen Seite hält Sie der "Neo" auch im Wasser schön warm. Außerdem: Man kann ihn angeblich auch waschen und trocknen, dann sind die Geruchsprobleme schon gelöst. Der Trockenanzug ist die edlere und teurere Variante mit vielen Vor- und ein paar Nachteilen. Positiv zu bemerken ist die wunderbare trockene Wärme, damit sind Sie auch im Wildwasser der Stufe sechs noch auf Wolke sieben. Die negative Seite: Ein guter Trockenanzug kostet viel Geld und ist viel anfälliger für Verschleiß. Die Bündchen reißen gerne bei mangelnder Pflege und der Reißverschluss kann undicht werden. Und eine Gefahr sollten Sie kennen: Wenn Sie ein großes Loch im Anzug haben und ins Wasser fallen, schießt das Wasser in den Anzug, der Sie dann wie ein Treibanker nach unten zieht. Achten Sie also auf Löcher im Anzug. Dennoch tragen viele erfahrene Wildwasserpaddler nur noch Trockenanzüge. Weitere Alternativen sind semitrockene Anzüge oder eine Kombination aus Neoprenanzug und Paddeljacke, wodurch der Oberkörper windgeschützt und relativ trocken bleibt.
- Als ergänzende Sicherheitsmaterialien benötigt jedes Crewmitglied eine Flipleine (☞ Der Flip und das Kentern), eine Trillerpfeife und ein Messer. Mit der Flipleine kann das Boot nach einer Kenterung zurückgeflippt, mit dem Messer die Luftkammern des Rafts aufgestochen werden, falls jemand zwischen Raft und Fels verklemmt ist. Mit der Trillerpfeife wird die Aufmerksamkeit auf sich gezogen, wenn der Fluss zu laut rauscht. Beim Messer ist darauf zu achten, dass Sie es mit einer Hand aus der Scheide ziehen und benutzen können, denn mit der anderen Hand müssen Sie sich am Raft festhalten. Tauchermesser sind zwar sehr teuer, entsprechen diesem Kriterium aber am besten.
- Eine Erste-Hilfe-Box, wasserdicht verpackt, ist ebenfalls unumgänglich. Am besten verpacken Sie die Verpflegung (Müsli-Riegel), das Erste-Hilfe-Set samt Anleitung und das Mobiltelefon in einer wasserdichten Tonne oder in einem Peli-Case. Als weitere ergänzende Utensilien, vor

allem auf längeren Touren, können Sie relevante Sicherheitsausrüstung oder eine geografische Karte mitnehmen. ☞Mehrtagestouren

Der Wurfsack

Das meistunterschätzte Ausrüstungsteil im Wildwasser ist der Wurfsack - ein Sack mit einem strapazierfähigen Seil im Inneren, beide fest miteinander verbunden. Wenn Sie einen Schwimmer retten wollen, öffnen Sie den Sack und nehmen das freie Seilende fest in die eine Hand. Mit der anderen werfen Sie den Wurfsack über den Schwimmer, der das Seil fest in die Hand nimmt und sich so retten lässt. Es gibt viel zu sagen über den Wurfsack, zu viel um es hier ausführlich aufzuzählen. Die wichtigsten Punkte kurz gefasst:

▷ Der Schwimmer darf das Seil niemals an sich fixieren oder mehrmals z.B. um seinen Arm winden. Denn falls sich das Seil irgendwo verhakt, kann er nicht mehr loslassen, weil zu viel Zug auf dem Seil lastet.

▷ Der Wurf erfolgt mit einer weit ausholenden Bewegung von unten aus sicherem Stand. Das Werfen muss geübt sein, vor allem vom Raft aus.

▷ Der Wurfsack kann vom Rand und vom Boot aus geworfen werden. Wenn man sich vor der Befahrung am Rand postiert und andere Paddler sichert, gibt es bestimmte Regeln, wo man sich aufzustellen hat. Falls Siphons oder Unterspülungen vorhanden sind, müssen diese auf jeden Fall oberhalb abgesichert werden.

▷ Meist hat man nur für einen Wurf Zeit, der muss sitzen! Sollte er daneben gehen und der Schwimmer ist noch in Wurfweite, füllen Sie den Sack schnell mit Wasser oder einem Stein und werfen Sie, für ein erneutes Einfädeln des Seils ist jetzt keine Zeit.

▷ Das Wurfsackstopfen muss richtig erfolgen, sonst bleibt das Seil hängen und der Sack fliegt nicht weit. Führen Sie das Seil über die Schulter und legen Sie es in kurzen lockeren Schlingen in den Sack. Es empfiehlt sich, das Werfen und Auffüllen öfters zu üben.

Sicherheitscheck vor dem Einsatz

Vor jeder Tour ist es wichtig, dass sich alle Mitglieder der Mannschaft noch einmal zusammensetzen und ein paar Punkte durchgehen. Auf der einen

Seite steht der allgemeine Sicherheitsteil, auf der anderen eine kurze Besprechung der Tagesstrecke. Auf einer kommerziellen Tour übernimmt der Guide diese Aufgabe, auf einer privaten Tour sollte die erfahrenste Person die Punkte abklären. Wenn das Team eingespielt ist, wird es ganz von alleine alle relevanten Aspekte besprechen. Die wichtigsten Punkte sind:

▷ Ist jeder mit Erster Hilfe und den gängigen Rettungsmaßnahmen vertraut?
▷ Sind Paddeltechnik und alle Kommandos hinreichend bekannt?
▷ Beherrscht jeder die richtige Schwimmtechnik?
▷ Ist der Umgang mit dem Wurfsack vertraut, kann jeder zielgenau werfen?
▷ Wie verhält man sich im Falle einer Kenterung?

Beim Material ist abzuklären:
▷ Tragen alle dem Wetter und der Flusstemperatur angepasste Kleidung, hat jeder stabile Schuhe, eine gute Schwimmweste und einen sicheren Helm auf?
▷ Sitzt alles fest und anliegend, kann der Helm auch nicht verrutschen?
▷ Sind alle Seile fest vertäut und kann sich keines lockern?
▷ Sind alle Ausrüstungsgegenstände festgezurrt und wasserdicht verpackt?
▷ Niemand darf fest mit dem Boot verbunden sein.
▷ Bei längeren Touren: Haben Sie ein Ersatzpaddel dabei?
▷ Sind Erste-Hilfe-Material, ein Handy oder Funkgerät und genügend Verpflegung an Bord?
▷ Ist das Raft startklar und sicher? Sind Fußschlaufen und Außenleine fest?

Bei der Tagesstrecke ist abzuklären:
▷ Kennt jeder den Fluss?
▷ Wie schwierig ist der Fluss beim heutigen Wasserstand? Ist er befahrbar?
▷ Liegt ein Befahrungsverbot vor oder brauchen Sie eine Genehmigung?
▷ Wann sind Sie zum letzten Mal hier gefahren, könnte sich etwas verändert haben (Felssturz nach langer Zeit, Bäume vor allem nach Murenabgängen oder Unwettern)?

▷ Machen Sie für die wichtigsten Kernstellen einen Rettungsplan: Auf welche Seite schwimmen alle bei einer Kenterung, wohin darf man auf keinen Fall schwimmen (Siphons, Unterspülungen)?
▷ Befahrungslinie bei den Kernstellen besprechen: Wann steuert das Boot wohin, worauf muss jeder an bestimmten Stellen achten, weiß jeder, was er zu tun hat?
▷ Gefahrenstellen ansprechen: Gibt es Unterspülungen oder könnten Bäume in den Fluss ragen?

Das Auge fürs Wildwasser

Das Schwierige an einer Tour sind nicht die beiden Steuerschläge. Das Schwierige ist das Auge fürs Wildwasser. Vom Ufer oder hinter einer Stromschnelle sehen Sie genau, ob ein Strudel gefährlich ist, ob er durch einen Stein oder eine harmlose Welle verursacht wird. Doch von oben gesehen bedarf es langer Erfahrung, ein Hindernis, den Strömungsverlauf und potentielle Anhaltemöglichkeiten in Kehrwässern schnell zu erkennen. Bedenken Sie: Zu Lande können Sie stehen bleiben, die Strömung dagegen bringt Sie immer weiter nach unten, eine Entscheidung muss deshalb schnell und mit geschultem Auge getroffen werden. Besonders heikel fürs Auge wird es, wenn Sie in Richtung der Sonne fahren und der ganze Fluss vor Ihnen glitzert wie

Das Auge fürs Wasser: Sehen Sie einen Felsen außer dem auf der rechten Seite? (ce)

mit Diamanten besetzt: Wunderschön, aber nur mit Erfahrung und zusammengekniffenen Augen genießbar.

Hier ist er, in der Mitte! Von unten leicht zu erkennen, von oben und in Hektik aber kaum. (ce)

In Kolonne fahren

Generell sollten Sie immer mit mehreren Booten auf dem Fluss sein und mindestens in Sichtweite bleiben. Diese Regel lässt sich manchmal nur schwer einhalten, vor allem wenn Sie ein Freundeskreis sind, der gemeinsam ein Boot fährt. Wenn Sie zu acht sind, könnten Sie zwei Viererteams bilden oder sich zu sechst in ein Vierer- und ein Zweier-Boot aufteilen, sofern das Material vorhanden ist. Ansonsten bauen Sie am besten Kontakt zu anderen Teams auf, mit denen Sie vor allem die Erstbefahrungen unternehmen. Die Feierabendtour auf dem Bächlein vor der Haustür ist für ein einzelnes Team kein Problem. Doch sollte mal ein Boot kaputt gehen oder sich jemand verletzen, ist ein zweites Boot immer besser. Auch für das Einsammeln von Paddeln und Schwimmern nach gewöhnlichen Flips ist eine gemeinsame Tour besser.

Erst auskundschaften, dann entscheiden

Das Unbekannte ist für uns das Interessante. Wie man Länder bereist, ihre Kulturen kennenlernt und neue Erfahrungen sammelt, so ist es auch eines der größten Vergnügen für Paddler, mehr und mehr Flüsse zu befahren. Suchen Sie sich vor Ihrer Erstbefahrung eines Flusses zuerst Infomaterial über die Strecke, besorgen Sie sich einen Flussführer und eine geographische Landkarte.

Vor Ort schauen Sie sich den gesamten Abschnitt zunächst vom Ufer aus an - am besten die ganze Strecke. Wenn Zeitgründe das verhindern oder die Strecke von beiden Ufern aus nicht zugänglich ist, schauen Sie sich den Rest des Flusses an. Versuchen Sie auch bei den unzugänglichen Stellen einen Blick in den Fluss zu erhaschen. Achten Sie auf das Gefälle des Weges oder der Straße, die Sie benutzen. Wenn ein gerader 500 m langer Flussabschnitt von 2 km Serpentinen begleitet wird, sollten die Alarmglocken schrillen. Bei manchen Adrenalinfreunden löst so eine Feststellung allerdings Freudentänze aus.

Wenn Sie auf dem Fluss sind und ihn noch nicht eingesehen haben, müssen Sie mit höchster Vorsicht fahren. Hier müssen Sie so weit vorausschauend paddeln, dass Sie nicht nur die Strecke locker bewältigen, sondern dass auch ein eventueller Schwimmer aus dem Fluss kommt, bevor die nächste unbesichtigte Stelle kommt. Steigen Sie auch nach einer vorherigen Besichtigung von außen bei schwierigen oder unübersichtlichen Stellen aus, überprüfen Sie Linie und Gefahren und verinnerlichen Sie diese für die Fahrt. Ziehen Sie das Boot an Land oder lassen es einen Paddler festhalten und lassen Sie sich Zeit. Vom Ufer direkt am Wasser aus erkennt man oft, dass ein Loch um einiges größer ist als vom hohen Ufer oder der Straße aus betrachtet.

Fahren Sie grundsätzlich niemals in einen Katarakt oder eine Schlucht ein, die Sie nicht kennen, nicht eingesehen haben oder bei der Sie keinen Ausweg über die Ufer kennen. Das ist nur etwas für Vollprofis oder für Vollidioten.

Das letzte Kehrwasser

Eine Regel sollten Sie absolut immer befolgen, vor allem auf unbekannten Flüssen: Wenn Sie das vor Ihnen liegende Stück nicht vom Rand aus besichtigt haben, fahren Sie immer nur bis zum nächsten sichtbaren Kehrwasser. Das Kehrwasser sollte groß genug sein, damit Sie auch sicher darin anhalten können. Natürlich sollten Sie die Strecke vorher sowieso ausgekundschaftet haben, aber bei Mehrtagestrips oder in Schluchten ist das nicht immer möglich.

Fahren Sie also nur in die Strömung, wenn Sie weiter unten ein Kehrwasser sehen können, das Sie auch absolut sicher treffen. Sei es Zeitmangel weil die Sonne schon untergeht, Unwissenheit, eine dumme Mutprobe oder das Fehlen eines Auswegs nach oben oder über das Ufer: Es gibt schlimme Geschichten von Paddlern, die nicht wussten, was nach der nächsten Kurve kommt und die aus verschiedensten Gründen einfach weitergepaddelt sind.

Das gilt eingeschränkt auch für Flüsse, die Sie gut kennen: Wenn die letzte Befahrung 2 Wochen her ist, könnte ein Baum in den Fluss gestürzt sein und sich quergelegt haben oder es könnte sich ein Felssturz bei einem Hochwasser ereignet haben.

Wenn Sie vor 2 Std. erst die letzte Befahrung getätigt haben, ist die Chance auf neue Hindernisse allerdings verschwindend gering. Aber auch dann gilt: besser einmal zu viel auskundschaften

Schwimmtechnik und Bergung aus dem Wasser

Dass mal der eine oder andere Rafter über Bord geht, lässt sich nicht vermeiden und ist auch gar nicht bedenklich, wenn man sich richtig verhält. Wasser verzeiht viel - bis zu einem gewissen Grad. Die "Mann über Bord"-Erfahrungen machen das Rafting erst richtig interessant. Wenn Sie auf einer Strecke paddeln, mit der Sie schon vertraut sind und auf der ein "Schwimmer" keine ernsthaften Folgen hat, dann experimentieren Sie ab und zu mit dem Gleichgewicht: Stecken Sie die Füße fest in die Fußschlaufen, setzen Sie sich möglichst weit an den Rand und lehnen Sie den Oberkörper weit aus dem Boot beim Paddeln, sodass Sie mit dem Gleichgewicht arbeiten und dazu sehr nahe ans Wasser kommen. Je mehr Gewicht Sie in den Schlag legen, desto kräftiger und zugleich kraftschonender kommen Sie voran.

Nur mit einem optimalen Paddelschlag, zu dem stets ein Balanceakt mit dem Gewicht gehört, werden Sie wilde Flüsse sicher und sauber befahren. Weit im Bootsinneren sitzend können Sie eine schwierige Linie nicht schnell genug befahren (📷 Seite 44, links unten).

Zurück zur Schwimmtechnik, auf diese Punkte sollten Sie achten, wenn Sie in den Fluss fallen:

▷ Das Wasser ist kalt, nass und dunkel. Bekommen Sie keinen Schreck und geraten Sie nicht in Panik. Entspannen Sie sich.

▷ Die goldene Regel: Halten Sie Ihr Paddel fest! Wenn Sie ins Wasser fallen, haben Sie keine Zeit, um das Paddel gemütlich ins Boot zu legen. Also halten Sie es auf jeden Fall fest, sonst fällt auf Ihrem Boot eine Kraft aus, wenn Sie wieder an Bord sind. Und ein Paddel herauszufischen kann sehr anstrengend sein, im schlechtesten Falle verkeilt es sich unter Wasser und Sie finden es nicht mehr.

▷ Wenn Sie es schaffen: Greifen Sie noch im Herausfallen die Außenleine. Denn wenn Sie beim Boot bleiben und sich festhalten, sind Sie ganz schnell wieder im Boot. Ohne Halt dagegen ist ein Schwimmer im bewegten Wildwasser rasend schnell vom Boot abgetrieben, da er tiefer im Wasser liegt und viel weniger Fläche aufweist als das Raft. Auf ihn wirken also ganz andere Kräfte ein als auf das Raft.

▷ Schwimmen Sie auf dem Rücken, das Paddel fest in der Hand. Die Füße zeigen flussabwärts und schwimmen auf der Wasseroberfläche. In dieser Position können Sie leicht nach unten schauen, was auf Sie zukommt und sich gegebenenfalls mit den leicht angewinkelten Beinen von Hindernissen und Felsen abstoßen. Auch das Gesäß muss auf der Oberfläche liegen, um keine Steine mitzunehmen.

Optimale Schwimmlage: Rückenlage, der Körper ist an der Wasseroberfläche, die Füße zeigen leicht gebeugt nach unten, um sich von Hindernissen abzustoßen. Paddel in der Hand! (ce)

▷ Der ganze Körper bleibt an der Wasseroberfläche. Die Schwimmweste hält Ihren Oberkörper über Wasser, die Beine halten Sie selbst über Wasser. Versuchen Sie nie, im Fluss zu laufen, dabei können Sie sich an Felsen oder nur knapp überspülten Hindernissen sehr wehtun. Die größte Gefahr ist, dass Sie mit

- dem Fuß in einen Zwischenspalt im Flussbett treten, sich verhaken und nicht mehr selbstständig befreien können.
- Atmen Sie bewusst – am besten in den Wellentälern, sonst schlucken Sie Wasser. Wenn Sie schwimmend in ein Loch geraten, holen Sie tief Luft für den Fall, dass Sie im Loch festgehalten werden und rotieren. Meistens werden Sie schnell wieder aus dem Loch gespült. Falls nicht, versuchen Sie zu einem Ende des Lochs zu schwimmen, um dort von der vorbeifließenden Strömung erfasst zu werden.
- Achten Sie darauf, nicht zwischen Raft und Felsen zu geraten. Im glimpflichsten Fall bleibt ein blauer Fleck, wenn das Boot Sie gegen einen Felsen stößt, im schlimmsten Fall hängt sich das Boot vor den Felsen und Sie sitzen zwischen beiden fest.
- Wenn es geht, schwimmen Sie immer zum Boot zurück und nicht an das Ufer: Das Boot kann nur schwer gegen die Strömung anfahren, um Sie einzusammeln. Wenn das Team im Getümmel nicht mitbekommt, dass Sie am Rand sind und Sie eventuell unter Wasser vermutet, könnte es den Notruf verständigen. Ferner wird es am Ufer flach, die Verletzungsgefahr steigt somit an.
- In einigen Ausnahmesituationen können Sie ans Ufer schwimmen: **Erstens** die Totalkatastrophe – alle sind irgendwo, das Boot ist irgendwo, das Wasser tost um Sie herum, keiner weiß, was weiter unten kommt. Dieser Fall tritt nicht ein, wenn Sie sich an die Ratschläge des Buches halten. **Zweitens** wenn das Boot länger vor einem Stein hängt und Sie sich mit der Strömung immer weiter nach unten entfernen. Falls das passiert, warten Sie am Rand und machen Sie sich bemerkbar, bevor das Team an Ihnen vorbeifährt. Sollte kein Kehrwasser da sein, um Sie einzusammeln, schwimmen Sie von einer sicheren Stelle an oder laufen Sie am Ufer zu einem großen Kehrwasser, wo das Raft Sie in Ruhe wieder abholen kann.
- Schwimmen Sie aktiv zum Raft, so gut es die vorgeschriebene Haltung erlaubt.
- Wenn Gefahr unmittelbar im Verzug ist, schwimmen Sie seitlich und nach oben weg vom Raft.
- Wenn Sie von einem Strudel oder einer Gegenströmung unter Wasser gezogen werden, geraten Sie nicht in Panik, die Schwimmweste bringt

Sie wieder an die Wasseroberfläche. Halten Sie einfach die Luft an und warten Sie, bis Sie wieder oben sind. Versuchen Sie nicht, an die Wasseroberfläche zu schwimmen, das kostet zu viel Kraft und Ihnen geht leichter die Luft aus.

▷ Schwimmen Sie zum Boot und reichen Sie einem Insassen Ihr Paddel, damit er Sie heranzieht und Ihnen das Paddel abnimmt, während Sie sich außen am Boot festhalten, um nicht wieder durch die Strömung vom Boot abzutreiben. Dann zieht Sie ein Insasse ins Boot, indem er Ihre Schwimmweste an den beiden Trägern hält und Sie hinaufwuchtet. Wichtig hierbei ist ein gerader Rücken beim Retter gegen Rückenprobleme, eine starke Schwimmweste gegen durchgerissene Träger und eine gut verzurrte Schwimmweste gegen das Hereinwuchten der Schwimmweste ohne Schwimmer.

▷ Falls Sie ohne fremde Hilfe ins Boot wollen, vor allem wenn das ganze Boot gekentert ist, dann halten Sie sich an der Außenleine fest, nehmen Sie Schwung und wuchten Sie sich mit dem Oberkörper ins Boot, nachdem Sie vorher das Paddel hineingeworfen haben. Bitte üben, denn das ist gar nicht so einfach, wenn Sie kein Turner sind und den "Sprung in den Stütz" am Reck nicht perfekt beherrschen.

▷ Falls das Boot flippt und Sie unter dem Boot sind: Bleiben Sie ruhig, es gibt keinen Grund zur Panik! Sie können gerne noch ein paar Atemzüge unter dem Boot machen, denn ein geflipptes Boot zeigt mit seinen Kammern nach unten und bietet so Luft zum Atmen unter sich.

Eine kleine Hilfe der Insassen kann im Ernstfall viel bewirken. (ce)

Den Schwimmer an der Schwimmweste packen und hereinziehen. Der Rest der Gruppe bleibt paddelbereit. (ce)

Dann ziehen Sie sich unter dem Boot hervor und helfen beim Zurückflippen des Rafts.

▷ Vermeiden und umschwimmen Sie auf jeden Fall in den Bach gestützte Bäume, die wie ein Fangsieb Schwimmer festhalten und unter Wasser drücken können.

▷ Arbeiten Sie als Team. Das heißt: Wenn einer hineinfällt, rettet ihn der Nächstsitzende so schnell wie möglich, die anderen bleiben paddelbereit, um auftauchenden Gefahren ausweichen zu können und um das Boot zum Schwimmer zu bringen. Bleiben Sie konzentriert und aufmerksam, auch wenn Sie gerade alles geben.

Der Flip und das Kentern

Der Flip ist das Umwerfen des Bootes auf die richtige Seite nach einer Kenterung. Sie erwischen eine große V-förmige Welle schief, Sie geraten mit der Breitseite in ein Loch oder Sie werden auf einen Felsen aufgeschoben und hinten presst die Strömung das Heck ins Wasser. Das letzte was Sie sehen ist das Raft hoch über Ihnen und im nächsten Moment liegen Sie im Wasser. Zu Übungszwecken und auf ruhigen Strecken ist das Kentern samt Zurückflippen ein Riesenspaß. Zudem ist ein gekonnter Flip, eventuell sogar über die Längsachse, spektakulär und ein echter "Hingucker". Im Wildwasser sieht es dagegen ganz anders aus, die Situation wird auf einmal ziemlich hektisch. Jedes Teammitglied sollte den Flip beherrschen, denn man weiß nie, wer durch die unterschiedlichen Strömungen wohin getrieben wird und wer am schnellsten wieder am Boot ist. Nach einer Kenterung schwimmen alle zurück zum umgedrehten Boot; wer unter dem Boot ist, hangelt sich darunter hervor. Wer als erstes am Außenrand des Rafts ist, flippt das Boot zurück. Dazu braucht er eine sogenannte Flipleine, ein maximal körperlanges stabiles Seil mit einem Karabiner am Ende. Jedes Teammitglied braucht eine Flipleine, am besten wickelt man sie sich eng um den Bauch und fixiert sie mit dem Karabiner an der Schwimmweste.

Wer also zuerst da ist, flippt zuerst. Der Schwimmer wirft sein Paddel (das er natürlich nicht losgelassen hat) auf das Boot, greift in den Boden des Rafts, wo dieser in den Außenrahmen eingeknüpft ist, und zieht sich auf das gekenterte Raft. ☺ An Heck und Bug neigt sich der Boden zum Wasser, da ein Raft ja an beiden Enden hochgezogen ist und es jetzt natürlich kopfüber im Wasser liegt. Am einfachsten zieht man sich dort auf das Raft. Dann nimmt der Paddler seine Flipleine ab und hängt den Karabiner an einer der beiden Längsseiten des Rafts in die Außenleine ein. Dann nimmt er sein Paddel und das andere Ende der Leine und stellt sich auf die von der eingehängten Seite

Flip zur Übung. Die Flipleine wird an der Außenleine eingehängt. (ms)

aus gesehen gegenüberliegende Außenkante des Rafts. Jetzt lehnt er sich weit hinaus und zieht das Boot mit der Flipleine herum. Unvermeidlich landet der Flipper wieder im Wasser beim Zurückdrehen des Bootes. Die Schwimmer verteilen sich im Optimalfall vor dem Flip an Bug und Heck, um das Flippen zu erleichtern und um das Boot nicht auf den Kopf zu bekommen. Falls das Boot doch einmal auf Sie fallen sollte, tauchen Sie vor dem Aufprall nur ein bisschen unter Wasser, denn das Raft fällt ganz flach auf die Oberfläche.

Jetzt kann die gesamte Crew ins richtig herumgedrehte Boot einsteigen: Zunächst steigen Sie selbst ein und helfen dann schnell den Teamkameraden ins Boot. Wenn Sie sich dagegen in einer brenzligen Situation befinden und das Boot nicht auf der Optimallinie liegt, teilt sich die Mannschaft schnell und diszipliniert auf: Die einen ziehen die noch Schwimmenden ins Boot, ein paar andere setzen sich auf beiden Seiten hin und paddeln das Boot sicher durch den Katarakt.

Achtung, Füße!

Wer raftet, fährt am liebsten auf Wildflüssen, die abseits der Zivilisation liegen und natürlich ein gewisses Gefälle bieten. Deshalb erweisen sich meistens auch die Wege am Rand als steil und schwierig, falls überhaupt welche vorhanden sind. Ganz besonders uneben ist es direkt am Ufer, Sie werden ab und zu um eine kleine Klettereinheit nicht herumkommen. Die größte Verletzungsgefahr lauert an Land, da Fels ein bisschen härter als Wasser ist. Wenn Sie einen Katarakt oder eine Schlucht durchpaddeln, sind gute Kletterkenntnisse und Kletterzeug von Vorteil.

Beim Umtragen oder Anschauen eines Streckenstücks sollten Sie immer auf Ihre Füße achten. Die Felsen am rettenden Ufer sind oft nass und rutschig, zudem ist die Beinkoordination bei Wildwassersportlern oft erschreckend schlechter als die Motorik der oberen Extremitäten. O-Beine sind für die Aufnahme in Paddlerkreise so gut wie Pflicht. Springen Sie, wenn Sie es vermeiden können, nicht in hohen Bögen von Fels zu Fels, ein Sturz wäre hier tiefer, als wenn Sie zwischen die Felsen treten. Arbeiten Sie mit dem ganzen Körper und stützen Sie sich mit Händen und dem Paddel ab, wenn es uneben wird.

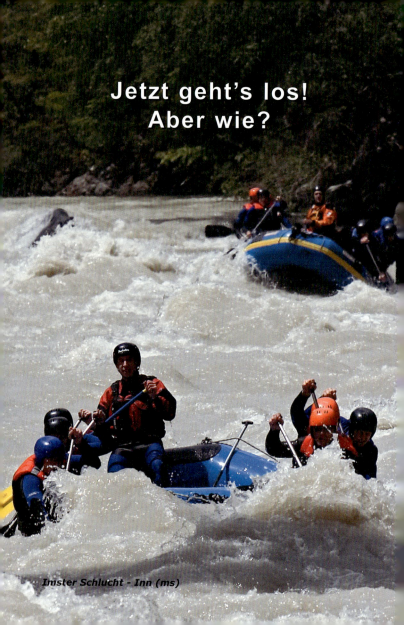
Imster Schlucht - Inn (ms)

Wenn Sie, liebe Leser, mir bis hierher treu geblieben sind, dann sind Sie jetzt fit für die Praxis. Sie haben das nötige Grundwissen und die Flüsse warten schon auf Sie. Doch wo fangen Sie an, mit wem gehen Sie raften und wohin? Ich gebe Ihnen noch einige Ideen und Ansatzpunkte für den Einstieg mit auf den Weg.

Zunächst müssen Sie sich entscheiden, ob Sie mit einem professionellen Raftguide eine bezahlte Tour unternehmen wollen oder ob Sie in eigener Regie losziehen. Oder werden Sie doch gleich Raftguide, die Ausbildung dauert nicht lange. Das Sammeln der Erfahrung im Wildwasser dauert allerdings Ihr gesamtes Leben lang. Falls Sie noch keine Erfahrung mit Rafting oder Wildwasser haben, sollten Sie das erste Mal auf jeden Fall bei einer Firma buchen. Wenn Sie aus dem Kajak-Bereich kommen, ist die Erfahrung im Wildwasser Gold wert.

Werden Sie Raftguide

Der goldene Weg wäre natürlich, selbst Führer zu werden. So lernen Sie Rafting von Grund auf, zusätzlich übernehmen Sie Verantwortung für ein Team und Sie kommen in Kontakt mit Menschen, die das gleiche Ziel wie Sie haben.

Eine Ausbildung zum Raftguide können Sie bei fast allen Rafting-Unternehmen beginnen. Der Ablauf ist allerdings teils sehr unterschiedlich. Es gibt Kurse über ca. 2 Wochen, für die Sie einen festen Betrag zahlen und bei denen Ihnen alle wichtigen Grundkenntnisse theoretisch und praktisch beigebracht werden. Die Kosten liegen bei ca. € 2.000. Andere Firmen verlangen dagegen oft gar nichts, dafür lernen Sie nach und nach das Raften, helfen im Betrieb mit und setzen sich einfach bei den verschiedenen Guides der Firma mit aufs Boot, sodass Sie nach und nach das Steuern erlernen. Solche Firmen erwarten dann meistens von ihren frischgebackenen Guides, dass sie nach bestandener Prüfung auch für sie arbeiten - das muss ja nichts Schlechtes bedeuten. Am besten vergleichen Sie mehrere Rafting-Unternehmen.

In fast allen Ländern werden Guides staatlich geprüft. Die Anforderungen der Prüfung schwanken allerdings beträchtlich. Doch wie beim Autofahren gilt: Man muss zwar einen theoretischen und einen praktischen Teil bestehen, doch man kann noch lange nicht gut fahren, nur weil man einen Führerschein hat. Erfahrungen sammeln ist unverzichtbar

Kommerzielle Rafting-Touren

Einfach und sicher, so lässt sich eine kommerzielle Tour umschreiben. Sie müssen schwimmen können, das genügt. Bevor Sie ohne Erfahrung privat losziehen, gönnen Sie sich die paar Euro für eine geführte Tour und entscheiden Sie, ob Rafting das Richtige für Sie ist. Die Vorteile liegen auf der Hand: Sämtliches Material wird gestellt und der Führer sagt Ihnen genau, was zu tun ist. Sie haben keine Verantwortung zu tragen und keine Entscheidung zu treffen.

Normalerweise läuft eine kommerzielle Rafting-Tour so ab: Sie suchen sich einen Anbieter und eine bestimmte Tour aus, buchen diese beim Anbieter und am Tag der Tour fahren Sie zur Raftbasis. Ab dort wird für alles gesorgt: Für sämtliche Materialien inklusive den Neoprenanzügen, für Umkleiden, für den Transfer zum und vom Fluss, für Duschen und Verpflegung und für die richtigen Fotos zum Trip. Vor jedem Trip gibt es eine genaue Einweisung des Führers über Techniken und Sicherheitsvorkehrungen. Bei Mehrtagestouren werden Zelte gestellt und Sie werden vom eigenen Raftguide auch noch bekocht. In diesem florierenden Tourismuszweig gibt es für alle Gäste das richtige Angebot, vom bettelarmen Adrenalinjunkie bis zum anspruchsvollen Manager.

Raftingtouren, die nicht länger als ein paar Stunden dauern, machen den Großteil der kommerziellen Touren aus. Das ist für fast alle Menschen etwas, auch für ängstliche oder weniger sportliche Personen, die gerne mal kontrolliert ihren Horizont erweitern wollen. Rafting-Gebiete mit kurzen Touren finden sich fast überall. Solche Touren eignen sich perfekt für Gruppenreisen, Firmenausflüge, Junggesellenabschiede oder ähnliches. Sie sind kurz, nett und für jeden ist etwas dabei: Freunde der Zivilisation entdecken ihre Grenzen, sind aber nach wenigen Stunden wieder trocken und warm verpackt. Die Abenteuerfreunde andererseits sind froh, nicht wieder Stunden nur mit Essen und Trinken verbracht zu haben, entdecken vielleicht Rafting für sich und können gleich die Tour für Fortgeschrittene unternehmen. Und von der Schönheit der Natur profitieren alle.

Mehrtagestouren sollte nur jemand unternehmen, der auch wirklich ein Freund der Materie ist, am besten eine Kombination aus Naturliebhaber und Sportsfreund. Diese Touren sind wirklich eine ganz besondere Erfahrung und mit einer Halbtagestour nicht zu vergleichen. Hier verschwindet das Handy, die Gruppe beschäftigt sich intensiv miteinander und mit der Natur. Man lernt ganz neue Seiten am langjährigen Nachbarn kennen. Leider sind mehrtägige Touren in den Alpen sehr selten, zu dicht ist schon alles besiedelt und die Flüsse sind schon hoch oben in den Tälern begradigt, wenn sie nicht sowieso schon in einen Stausee abgeleitet werden. Wenn Sie weitere Anfahrten in Kauf nehmen, steht einer erstklassigen Mehrtagestour nichts im Wege.

Die Schwierigkeitsgrade sind sehr unterschiedlich. Jeder Anbieter verspricht bei seinen Touren Abenteuer und Action, aber nur wenige Flussabschnitte bieten das wirklich. Sollten Sie von einer Tour enttäuscht sein, kann dies zwei Gründe haben: Entweder ist der Fluss zu zahm, dann hat der Veranstalter zu viel versprochen, oder der Wasserstand ist zu niedrig, dafür kann der Anbieter wiederum nichts. Der Maßstab in Europa ist für mich die Ötztaler Ache an einem heißen Sommernachmittag bei sehr viel Wasser. Wer hier gelangweilt aussteigt, ist ein furchtloser Held. Leider kann man die Tage, an denen die "Ötz" die richtige Wassermenge führt, inzwischen an zwei Händen abzählen, da der zuführende Gletscher kräftig schmilzt.

Die Kosten für die einzelne Tour sind sehr unterschiedlich, sie variieren je nach Länge des Flusses, seinem Schwierigkeitsgrad und der Länge der Anreise. Ein Kurztrip über 2 Std. kostet in Tirol ab € 40 aufwärts. Für einen Mehrtagestrip müssen Sie ab € 200 aufwärts rechnen.

Wenn Sie den richtigen Fluss gefunden haben, der Ihrer gewünschten Streckenlänge und Schwierigkeit entspricht, brauchen Sie nur noch einen guten Veranstalter. Bei der Auswahl des Anbieters sollten Sie sich nach Qualität umsehen:

- ▷ Wie lange ist die Firma schon im Rafting-Geschäft, seit wann ist sie vor Ort?
- ▷ Erfüllt die Firma alle behördlichen Auflagen?
- ▷ Wie groß wird die Sicherheit geschrieben?

▷ Wie robust und gepflegt ist die Ausrüstung?
▷ Wie erfahren sind die Führer, haben sie den benötigten Führerschein und Qualifikationen? Die Führerscheine sind von Region zu Region verschieden. In Kärnten wird von einem Raftguide bei der Prüfung zum Beispiel weniger verlangt als in Tirol. Der neuseeländische Führerschein dürfte weltweit einer der besten sein. Meistens sind hauptberufliche Guides aufgrund ihrer Erfahrung besser als Nebenerwerbstätige.

Private Rafting-Touren

Zunächst benötigen Sie das nötige Material und viele Informationen über den Fluss Ihrer Wahl. Bei einer privaten Tour genügen nicht nur Ort und Schwierigkeitsgrad des Flusses. Kaufen Sie am besten einen Flussführer und eine geographische Karte, auf der Höhenlinien und genaue Gegebenheiten eingezeichnet sind, sodass Sie eine Schlucht auch als solche erkennen. Lage, Höhe, Länge, Ein- und Ausstiegsmöglichkeiten müssen Sie vor dem Trip kennen. Als Flussführer empfehle ich die DKV-Auslandsführer als grundlegende Quelle, weitere Literatur gibt es genügend. Besonders wertvoll sind natürlich Gespräche mit Leuten, die den Fluss schon befahren haben. Je mehr Sie auf Flüssen unterwegs sind, desto mehr werden Sie andere Paddler treffen, die Ihnen weiterhelfen.

Vergewissern Sie sich auch, dass kein Befahrungsverbot behördlicherseits besteht, sonst kann es teuer werden. Da der Wildwassersport zunehmend an Beliebtheit gewinnt, ist die Sperrung einiger Naturschönheiten sinnvoll, nicht zuletzt wegen scheuen Wasservögeln. Für einige Flüsse, bekanntestes Beispiel ist der Colorado, legen die örtlichen Behörden eine Maximalanzahl heraus und man muss sich auf Wartelisten setzen lassen. Für eine Tour auf dem Colorado durch den Grand Canyon sollten Sie sich früh anmelden!

Die Beschaffung der richtigen Ausrüstung stellt Sie bei einer privaten Tour vor Herausforderungen. Entweder leihen Sie sich das Equipment zusammen oder Sie kaufen es, dann sollten Sie dem Hobby aber treu bleiben. Ein gutes Raft kostet ab € 2.000 aufwärts. Sehr stabile Rafts stellt die Firma Hyside aus den USA her, mit ihnen können Sie jahrelang über Felsen schrubben. Ein gutes Paddel kostet mindestens € 30. Gute Qualität bekommen Sie zum Beispiel bei der deutschen Firma Kober-Moll.

Die weiteren Teile in ungefähren Preisangaben der jeweils günstigsten Variante:
- Neoprenanzug € 100 (alternativ Trockenanzug € 700)
- Schuhe € 40
- Schwimmweste (gute Qualität) € 120
- Helm € 50
- Wurfsack € 15
- Messer ab € 10 aufwärts
- Pelicase (wasserdicht, von der Firma Peli) € 50
- Flipleine € 5 (selbstgeknüpft aus Kletterseil)
- Trillerpfeife € 2
- Erste Hilfe-Set € 10

Umwelt

Auf kommerziellen Touren achtet der Anbieter auf das naturgerechte Verhalten seiner Gäste. Wenn Sie aber privat unterwegs sind, müssen Sie selbst den Umweltschutz in die Hand nehmen. Sehen Sie den Umweltschutz bitte nicht als eine lästige Pflicht an, sondern als eine Chance, sich einen harmonischen Lebensstil anzugewöhnen, mit der Natur zu leben und sich für die Bedürfnisse von Mitmenschen und Natur zu sensibilisieren. Denken Sie bitte daran: Ein Wildfluss ist kein Pausenhof, hier kommen keine Müllmänner vorbei. Ihr Verhalten wird stets auf alle Wildwasser-Paddler zurückfallen. Es gibt viele Leute, die Rafter und Kajakfahrer am liebsten ins Schwimmbad verbannen würden, diese Lobby freut sich über jeden Grund für eine Flusssperrung. Die wenigen verbleibenden Flüsse, die noch in ihrer ursprünglichen Form erhalten sind, müssen sich viele Naturfreunde, Tiere und Pflanzen teilen. Dazu einige wichtige Hinweise:

▷ Nehmen Sie nicht nur Ihren eigenen Müll wieder mit, sondern auch den Ihrer Vorgänger, wenn diese verantwortungslos waren.

▷ Benutzen Sie den Fluss nie als Toilette. Urinieren Sie auf dem Land, damit der Urin gefiltert wird, möglichst weit vom Wasser entfernt, am besten 30 m. Beim großen Geschäft ist eine Minischaufel zum Vergraben von Vorteil, das Toilettenpapier zünden Sie an, denn es verwest sehr langsam.

▷ Waschen Sie Geschirr, vor allem mit Seife, nie direkt im Fluss.

▷ Nehmen Sie nur Bilder mit nach Hause, hinterlassen Sie nur Fußspuren

📖 How to shit in the woods, Kathleen Meyer, OutdoorHandbuch Band 103, Conrad Stein Verlag ISBN 978-3-86686-103-9, € 7,90

♦ Der Umwelt zuliebe, Martin Zwosta, Basiswissen für draußen Band 68, Conrad Stein Verlag, ISBN 978-3-86686-068-1, € 7,90

Verpflegung

Je nach Länge der Tour kann die Frage, was und wie Sie essen, sehr wichtig werden. Wenn Sie ein paar Tage ohne Fünf-Sterne-Menüs auskommen, erleichtert dies die Planung enorm. Bei jedem guten Outdoor-Laden gibt es unzählige Optionen für Küche und Kochen im Freien. Dort gibt es neben den ganzen Kochutensilien auch spezielle Verpflegung, ähnlich wie Astronautennahrung. Geld ist hier der eine Faktor, der andere das Gewicht: Wenn sich auf der Tour Ihr Gepäck immer auf einem Fahrzeug befindet, können ruhig ein paar Kilo mehr dazukommen. Wenn Sie dagegen Stunden oder Tage zu Fuß unterwegs sind, sollten Sie die Minimalvariante einpacken. Bedenken Sie auch, wie oft Sie Stellen am Fluss umtragen werden. Für eine kurze Tour empfehle ich einfache Müsliriegel, die wenig wiegen und viel Kraft geben. Ein paar Riegel passen in jede wasserdichte Tonne zum Erste-Hilfe-Paket.

📖 Kochen 1 - aus Rucksack und Packtasche, Nicola Boll, Basiswissen für draußen Band 8, Conrad Stein Verlag, ISBN: 978-3-89392-608-4, € 7,90

Mehrtagestouren

Im erweiterten Sinne gelten die Verpflegungsregeln auch für das ganze Gepäck auf Mehrtagestouren. Hier müssen Sie sich umfassend vorbereiten, was nicht nur anstrengend ist, sondern auch viel Spaß macht. Sie benötigen neben den Rafting-Utensilien Erste-Hilfe-Kasten, Schlafsäcke, Isomatten, Zelte, Reparaturset, trockene Kleidung, Lebensmittel und Kochutensilien.

Falls sich jemand verletzt und einige Zeit auf den Hubschrauber warten muss, helfen ein paar Schmerztabletten oder Valium über die schlimmste Zeit hinweg.

Geographische Karten, ein GPS und ein Satellitenfunkgerät runden die professionelle Ausrüstung ab.

Natürlich bringt eine Mehrtagestour auch mehr Verantwortung mit sich, vor allem abseits der Zivilisation. Sie sind bei Notfällen viel weiter von der Rettung entfernt. Durchdenken Sie alle möglichen Szenarien und richten Sie sich darauf ein. Aber auch als Anfänger können Sie zu einer Mehrtagestour aufbrechen. Suchen Sie sich einen Fluss aus, der Sie eher unterfordert. Denn es geht ja nicht nur um Wildwasser, sondern auch um ein paar Tage abseits der Zivilisation in schönster Natur mit ein paar Freunden. Und es ist wirklich kaum zu glauben, wie befreiend es ist: Die Hektik des Alltags verschwindet, alles wird einfach, das Team arbeitet zusammen und man lebt im Rhythmus der Wellen und der Natur.

Oder unternehmen Sie zuerst eine Mehrtagestour mit einem professionellen Veranstalter. Danach können Sie alleine losziehen und das Gelernte selbst umsetzen.

An- und Abreise

Sie müssen bei privaten Touren die Logistik für den Transport organisieren:
▷ Welches Auto haben Sie? Ist es ein Mietwagen, der jeden Tag Geld kostet? Ist das Auto tauglich für die Straße, die Sie befahren?
▷ Lassen Sie das Auto beim Ein- oder beim Ausstieg stehen, falls Sie dort überhaupt hinkommen? Ist es dort sicher?
▷ Wie kommen Sie zum Wagen zurück? Haben Sie eventuell jemanden, der das Auto fährt?

In der Zivilisation können Sie sich ein Taxi bestellen oder spezielle Zubringer-Dienste buchen. Fragen Sie am besten bei ortsansässigen Rafting

Unternehmen, die ihre Gäste oft selbst von Taxiunternehmen kutschieren lassen. Wenn Sie flexibel sind, kommen Sie je nach Situation mit Fahrrad, Zug, Motorrad, zu Fuß oder trampend zu Ihrem Auto zurück.

Die besten Touren rund um den Globus

Auf allen Kontinenten gibt es bereits erforschte und beschriebene Flusstouren, von 2 Std. bis zu 3 Wochen lang. Ich stelle Ihnen kurz die weltweit bekanntesten Perlen vor. Wobei zu bedenken ist, dass das Rafting heute voll professionell betrieben wird und findige Rafter ständig neue Flüsse erschließen und so zugänglich machen.

Die Rafting-Saison in Mitteleuropa geht von April bis Oktober. Je nachdem, wodurch sich ein Fluss speist, haben manche Flüsse in der ersten Schneeschmelze viel Wasser, die Gletscherflüsse dagegen im Hochsommer, andere Flüsse führen fast nur nach starken Regenfällen Hochwasser. Bei geführten Touren sollten Sie gleich bei hohen Wasserständen einsteigen, um Spaß zu haben, bei privaten Touren ohne Guide tasten Sie sich am besten von den niedrigeren Wasserständen aus an Ihre persönliche Hochwassergrenze heran.

In Europa finden Sie die besten Touren in den Alpen. Insbesondere Tirol mit dem Inn und einigen seiner Zuflüssen ist das Mekka der Alpenregion. Das ist auch die beste und nächstgelegene Möglichkeit von Deutschland aus. Der Klassiker ist hier die Einsteigertour auf dem Inn durch die Imster Schlucht. Sie dauert 2 Std., kostet ab € 40 aufwärts und bietet Wildwasser der Stufe II bis III. Die besten Fortgeschrittenentouren danach sind Sanna und Ötztaler Ache, wenn das Wasser stimmt: Die Sanna führt viel Wasser in der frühen Schneeschmelze im Mai und Juni, die Ötztaler Ache spielt ihr volles Potential an den heißesten Sommertagen aus, da sie sich aus den Gletschern rund um das Ötztal speist. Wenn Sie wirklich Action wollen, bestehen Sie beim Veranstalter auf einer Ötz-Tour an einem heißen Sommernachmittag. Am besten buchen Sie mit einer kleinen Gruppe ein, 2 Tage vor dem gewünschten Termin, wenn Sie schon die Wettervorhersage kennen. Anbieter gibt es im Inntal viele. Weitere gute Flüsse in Österreich sind die Möll, die

Salzach, die Salza, die Saalach und der Lech. In der Schweiz gibt es neben vielen Angeboten auch eine klassische und sehr bekannte Tour, die Flimser Schlucht auf dem Vorderrhein. Frankreich hat ein paar hervorragende Wildwasserreviere wie auch Slowenien, Kroatien und Norditalien. In Spanien werden Sie in den Pyrenäen fündig. In Griechenland oder der Türkei kann man zusätzlich zum Sommerurlaub noch ein paar nette Trips unternehmen. Aber Achtung, hier schwankt der Schwierigkeitsgrad je nach Fluss und Wassermenge zwischen "langweilig" und "halsbrecherisch".

Weltweit gesehen gibt es ein paar Länder oder Flüsse, die besonders interessant sind. Sie finden solche Touren in Ländern mit hohen Bergen und geringer Einwohnerdichte. Norwegen, die USA, Süd- und Mittelamerika (Chile, Ecuador, Costa Rica), Neuseeland und Australien, Sibirien, Russland oder Südafrika sind hier an vorderster Front zu nennen. Auch einige asiatische Länder wie Nepal oder Korea werden zunehmend gebucht. Bedenken Sie auch die politische Situation und den Grad der Industrialisierung eines Landes: In den USA gibt es Ausrüstung vom Feinsten und englisches Frühstück vor dem Thermozelt, in Russland müssen Sie vielleicht einen Bergkamm zu Fuß überqueren oder mangels Straße mit einem klapprigen Hubschrauber zum Einstieg fliegen.

Falls Sie nach all diesen geführten Touren in fremden Ländern immer noch nicht genug haben, gehen Sie auf Ihre eigene Expedition. Ihre Erlebnisse werden sicher faszinierend sein, Sie lernen Land und Leute kennen, wie es sonst kaum möglich ist.

Abschließend eine Auswahl der besten und bekanntesten Raftingstrecken der Welt. Die drei besten sind meiner Meinung nach der Grand Canyon, der Zambesi und der Futaleufu.

▷ Der Colorado durch den Grand Canyon in den USA bietet mehrere tolle Touren, er ist der bekannteste Rafting-Fluss der Welt. Atemberaubende Landschaft trifft feinstes Wildwasser und nette Menschen.

▷ Der Zambesi unterhalb der Victoria-Fälle bildet die Grenze zwischen Zambia und Zimbabwe. Eine sensationelle und mächtige Schlucht mit einer der besten Raft-Touren weltweit finden Sie dort. Achten Sie auf die aktuelle politische Situation in beiden Ländern und reisen Sie von der momentan friedlicheren Seite an.

- Der Futaleufu: Wildwasser der Klasse V im schönen Chile. Bei dieser atemberaubend schönen Tour durch raue Wildnis kommt jeder ins Schwärmen.
- Die Tour auf dem Kaituna bei Rotorua in Neuseeland dauert zwar nur 40 Min. Doch auf dem Fluss scheint es, als habe Gott hier das persönliches Disneyland des Raftings gebaut: Tiefer Dschungel, eine kleine und steile Schlucht, phänomenales Wildwasser und als Krönung ein Sieben-Meter-Wasserfall.
- Der Gauley River im Staate West Virginia/USA ist ebenfalls eine Legende. Da das Wasser aus einem großen Damm abgelassen wird, führt der Gauley nur an den Wochenenden in September und Oktober Wasser. Aber dann ist "Gauley Season" und ganz Wildwasser-Amerika feiert eine riesige Party auf exzellentem Wildwasser. Da paddelt und feiert der Manager mit dem Lebemann.
- Die Soca in Slowenien lockt jedes Jahr zu Ostern tausende deutsche Kajakfahrer und Rafter an. Aus Sicherheitsgründen befahren kommerzielle Anbieter die schwierigsten Stücke nicht, aber tolles Wildwasser ist dennoch jedem Gast garantiert. Die Soca führt das klarste Wasser, dass Sie sich vorstellen können - wunderschön und eiskalt.

Besuchen Sie uns doch immer mal wieder auf unserer Homepage im Internet.

Dort finden Sie...

- aktuelle Updates zu diesem OutdoorHandbuch und
- zu unseren anderen Reise- und OutdoorHandbüchern,
- Zitate aus Leserbriefen,
- Kritik aus der Presse,
- interessante Links,
- unser komplettes und aktuelles Verlagsprogramm sowie
- viele interessante Sonderangebote für Schnäppchenjäger:
- www.conrad-stein-verlag.de

Der Fluss des Lebens

Das letzte Kehrwasser (ge)

So, nun sind Sie selbst fast schon ein Rafting-Experte. Ich wünsche Ihnen viel Vergnügen bei einem wunderschönen Sport, den Sie im Team in der Natur erleben. Zum Abschluss möchte ich noch ein paar Gedanken über den Fluss an sich anfügen. Sie haben ein ganzes Buch lang über das Verhalten auf Flüssen gelesen, aber ich habe noch nicht beschrieben, was ein Fluss für mich eigentlich bedeutet.

Es geht um Respekt und Ehrfurcht, vor dem Leben, der Natur und den Dingen, wie sie sind. Beim Reisen auf Flüssen wird es oft kalt, nass und dunkel - doch das gehört dazu, will man das volle Leben erfahren.

Flüsse trennen Länder und Menschen voneinander, ihre reißende Macht zerstört Leben. Auf der anderen Seite bringt der Fluss Nahrung und lebenswichtiges Wasser selbst in die trockenste Wüste. An Flüssen entstanden die großen Metropolen dieser Welt. Flüsse verbarrikadieren einerseits Wege, andererseits sind sie selbst oft der einzig mögliche Weg.

Ein Fluss ist meines Erachtens die beste Metapher für das Dasein. Klein und unschuldig beginnt er sein Leben. Zeit, Wachsen, Lernen und Erfahrung machen ihn zu einem Strom, bis er groß und mächtig, aber nicht mehr so agil und wendig wie an der Quelle ins Meer fließt. Manche sind breit, andere schmal, mal schränken sie ihre Umwelt ein, mal werden sie eingeschränkt.

Auch im Leben weiß man nicht, was nach der nächsten Kurve kommt, welches Hindernis umgangen werden muss. Mal umfließt man ein Problem, mal beseitigt man es mit eigener Kraft. Wer das Gefühl reißenden Wildwassers und die Magie des Flusses kennt, der kennt das Leben in seinen Ausprägungen. Der Fluss des Lebens schwankt zwischen ruhig und wild und bietet jedem die Chance, darin voranzuschreiten und sich zu verbessern worin auch immer man möchte.

Auf dem Fluss wie im Leben sollte man:
▷ sich von Löchern fernhalten und sie umgehen.
▷ sich nicht fragen, wie man hier hinkommt, sondern wie es weitergeht.
▷ erst einmal anhalten, das Gelände überschauen und einen Überblick gewinnen, vor allem bei unübersichtlichem Gelände.
▷ wenn es nicht sicher ist, lieber umtragen.
▷ hin und wieder in ein nettes Kehrwasser fahren, sich ausruhen und die Schönheit um sich herum genießen.

▷ sich als Teil des großen Ganzen fühlen, als Teil einer Strömung, die viel tiefer geht als unser oberflächliches Leben.
▷ sich seinen Weg selbst aussuchen. Nur wenn ein richtig großer Fels im Weg liegt, sollte man ihn flexibel umschiffen.
▷ nicht immer an das Ziel denken, denn der Weg ist das Ziel.

Viel Vergnügen beim Raften, wir sehen uns dann auf dem Fluss!

Index

(ms)

A

alle nach links	53, 54
alle nach rechts	53, 54
alle rückwärts	53
alle vorwärts	53
Außenleine	19, 80
Außenwulst	30, 44

B

Bäume	23, 38, 79
Boden	14
Brecher	35
Bug	12

D

Drainage	13
Drehschlag	37, 43, 48

E

Enge	25
Ersatzpaddel	75
Erste Hilfe	70, 91
Erste-Hilfe-Box	73

F

Fels	58, 85
Felsen	26, 80, 81, 83
Flaschenzug	31
Flip	57, 83
Flipleine	73, 84, 85, 91
flippen	30, 68
flippt	41, 82
Flips	77
Floß	12
Frontmänner	13
Führer	53, 87
Fußschlaufen	43
Fußtaschen	17, 43

G

Gefälle	23, 24, 33
Guide	53

H

Heck	12, 17
Heckruder	14, 17
Helm	91
Hindernis	76, 80
Hindernisse	25, 57
Hold on	32, 53, 55

K

Kajak	65, 68
Katarakt	14, 24, 68
Kehrwasser	37, 59, 60, 78, 81
Kehrwässer	31, 57
Kentern	83
Knauf	45
Knippen	51
Kommandos	53
Kontern	49
Konterschlag	43, 51
Korb-Boote	12

L

Linie	56, 57, 76, 78
links rückwärts	53
Loch	31, 78, 81, 83
Löcher	31, 58
Luftkammern	20

M

Mehrtagestouren	16, 88, 92
Messer	73, 91
Mittelmänner	13
Mobiltelefon	73

N

Naturslalom	26
Neoprenanzug	73, 91

P

Paddel	21, 45, 80, 91
Pause	53
Pegel	66
Pelicase	73, 91
Polster	27
Presswasser	27

Q

Querwülsten	17, 43

R

Raft	12, 90
Raftguide	87, 90
Rafts	17, 19
Rapid	24, 57
rechts rückwärts	53
Rhythmus	53
Rücklauf	34, 41
Rückwärtsschlag	43, 48
Rückwärtstraverse	49
Ruder-Rafts	16

S

Schlucht	24, 95, 79
Schöpfeimer	13
Schwierigkeits-Skala	65
Schwimmer	79, 80, 84
Schwimmweste	72, 80, 82, 91
Siphon	37, 76
Situationskommandos	54
Sitzposition	43
Spitze	17
Stein	26, 27, 81
Steuerschläge	49
Strudel	41, 81
Surfen	36

T

Takt	17, 54
Trillerpfeife	73, 91
Trockenanzug	73

U

umtragen	40, 92
Umwelt	91
Unterspülungen	37

V

Verpflegung	92
Volumen	23
Vorderleute	69
Vorwärtsschlag	43, 46

W

Walze	35
Walzen	31, 33, 58
Wasserfall	39, 96
Wassermenge	23
Wehre	41

Welle	35	**Z**	
Wellen	33, 58	Ziehen	49
Wettkampfsport	60	Ziehschlag	43, 50
Wildwasser-Skala	13, 66	Zivilisation	85, 93
Wirbel	31, 38, 60	Zurückflippen	57, 83
Wulst	30		
Wurfsack	74, 91		

 Rafting Tours Augsburg

Rafting auf dem Eiskanal

Wir organisieren für Sie Ihr gesamtes Erlebnis-Wochenende von Ihrer Anreise am Freitag bis zur Abreise am Sonntag. Unsere Guides sind bestens geschult. Nicht umsonst stellt **Rafting Tours Augsburg** seit 16 Jahren die deutsche Rafting-Nationalmannschaft. Wir bieten Ihnen Sicherheit für Sie, Ihre Familien, Freunde und Geschäftpartner. Gerne unterbreiten wir Ihnen ein individuelles Angebot.

Rafting in Deutschland und Österreich, allein, mit der Familie oder mit Freunden

Rafting Tours Augsburg GmbH
www.RaftingCanyoning.com

Am Eiskanal 30
86161 Augsburg
☎ 0821550055